El camino del vudú

Cómo desvelar los misterios del vudú de Nueva Orleans y el vudú haitiano para buscadores espirituales y almas curiosas

© Copyright 2025

Todos los derechos reservados. Ninguna parte de este libro puede ser reproducida de ninguna forma sin el permiso escrito del autor. Los revisores pueden citar breves pasajes en las reseñas.

Descargo de responsabilidad: Ninguna parte de esta publicación puede ser reproducida o transmitida de ninguna forma o por ningún medio, mecánico o electrónico, incluyendo fotocopias o grabaciones, o por ningún sistema de almacenamiento y recuperación de información, o transmitida por correo electrónico sin permiso escrito del editor.

Si bien se ha hecho todo lo posible por verificar la información proporcionada en esta publicación, ni el autor ni el editor asumen responsabilidad alguna por los errores, omisiones o interpretaciones contrarias al tema aquí tratado.

Este libro es solo para fines de entretenimiento. Las opiniones expresadas son únicamente las del autor y no deben tomarse como instrucciones u órdenes de expertos. El lector es responsable de sus propias acciones.

La adhesión a todas las leyes y regulaciones aplicables, incluyendo las leyes internacionales, federales, estatales y locales que rigen la concesión de licencias profesionales, las prácticas comerciales, la publicidad y todos los demás aspectos de la realización de negocios en los EE. UU., Canadá, Reino Unido o cualquier otra jurisdicción es responsabilidad exclusiva del comprador o del lector.

Ni el autor ni el editor asumen responsabilidad alguna en nombre del comprador o lector de estos materiales. Cualquier desaire percibido de cualquier individuo u organización es puramente involuntario.

Su regalo gratuito

¡Gracias por descargar este libro! Si desea aprender más acerca de varios temas de espiritualidad, entonces únase a la comunidad de Mari Silva y obtenga el MP3 de meditación guiada para despertar su tercer ojo. Este MP3 de meditación guiada está diseñado para abrir y fortalecer el tercer ojo para que pueda experimentar un estado superior de conciencia.

https://livetolearn.lpages.co/mari-silva-third-eye-meditation-mp3-spanish/

¡O escanee el código QR!

Tabla de Contenidos

PRIMERA PARTE: VUDÚ PARA PRINCIPIANTES 1
   INTRODUCCIÓN 2
   CAPÍTULO 1: COMPRENDER EL VUDÚ Y EL HUDÚ 4
   CAPÍTULO 2: BONDYE Y EL MUNDO 14
   CAPÍTULO 3: LOS ALIADOS DEL VUDÚ: LOS LWA Y LOS ANTEPASADOS 22
   CAPÍTULO 4: EL RADA LWA 31
   CAPÍTULO 5: LOS GEDE LWA 40
   CAPÍTULO 6: LOS PETRO LWA 47
   CAPÍTULO 7: ALTARES VUDÚ Y HUDÚ 56
   CAPÍTULO 8: BOLSAS DE MOJO Y GRIS-GRIS 65
   CAPÍTULO 9: LIMPIEZA Y ELEVACIÓN DE LAS PROTECCIONES 75
   CAPÍTULO 10: VUDÚ PARA EL AMOR Y LA ABUNDANCIA 85
   GLOSARIO 97
   CONCLUSIÓN 105
SEGUNDA PARTE: VUDÚ DE NUEVA ORLEANS 107
   INTRODUCCIÓN 108
   CAPÍTULO 1: ¿QUÉ HACE DIFERENTE AL VUDÚ DE NUEVA ORLEANS? 110
   CAPÍTULO 2: PREPARARSE PARA EL VUDÚ 120

CAPÍTULO 3: INGREDIENTES Y MATERIALES QUE PUEDE NECESITAR 130
CAPÍTULO 4: BONDYE Y EL PANTEÓN DE LOS LOA 141
CAPÍTULO 5: LOA FEMENINAS MAYORES 150
CAPÍTULO 6: LOA MAYORES MASCULINOS 159
CAPÍTULO 7: CREE SU ALTAR VUDÚ 168
CAPÍTULO 8: USTED Y LA SABIDURÍA DE SUS ANTEPASADOS 177
CAPÍTULO 9: MUÑECOS VUDÚ Y AMULETOS 185
CAPÍTULO 10: HECHIZOS Y RITUALES VUDÚ PARA PROBAR 195
CONCLUSIÓN 209
VEA MÁS LIBROS ESCRITOS POR MARI SILVA 211
SU REGALO GRATUITO 212
REFERENCIAS 213
FUENTES DE IMAGENES 215

Primera Parte: Vudú para principiantes

Guía del vudú de Nueva Orleans, el vudú haitiano y el hudú

Introducción

La gran Maya Angelou dijo una vez: *"Cuanto más conoces tu historia, más liberado estás"*. Y eso es precisamente lo que pretende este libro: ilustrarle sobre la fascinante historia, los rituales y las prácticas del vudú.

Tanto si es un escéptico, como si es un creyente, este libro es para usted si desea adentrarse en la historia del vudú. Desde las vibrantes calles de Nueva Orleans hasta la mística tierra de Haití, el vudú ha cautivado la imaginación de la gente durante siglos. Pero, ¿qué es exactamente el vudú? ¿Es una religión, una cultura, un modo de vida o algo totalmente distinto? Estas preguntas se explorarán a través de las páginas de este libro, que se adentrará en el complejo y polifacético mundo del vudú.

Pero, ¿qué diferencia a este libro de los demás del mercado? Para empezar, está escrito en un inglés sencillo y fácil de comprender. Nunca se encontrará perdido sobre cuáles son los conceptos que contiene este libro mientras le conduce a través del laberíntico mundo del vudú.

Y eso no es todo: este libro está hecho a medida para principiantes. No necesita ningún conocimiento o experiencia previa con el vudú para coger esta guía y comenzar su viaje. El complejo y a veces desalentador mundo del vudú ha sido destilado para dejarle con un conocimiento cristalino sobre el tema.

Pero este libro no se limita a la teoría. También está repleto de métodos prácticos e instrucciones. Aprenderá a crear sus propios muñecos vudú, a lanzar hechizos y a realizar rituales transmitidos de generación en generación. Con las guías paso a paso, podrá practicar el vudú en su casa y experimentar por sí mismo su poder transformador.

Como dijo una vez el gran detective Sherlock Holmes: *"Es un error capital teorizar antes de tener datos".* Así pues, la lectura de este libro le proporcionará los datos que necesita para apreciar y comprender plenamente el mundo del vudú. Tanto si es un principiante curioso como si es un practicante experimentado, esta guía enriquecerá sus conocimientos y profundizará su comprensión de esta antigua y misteriosa tradición. ¿A qué espera? Pase página e inicie un viaje por el fascinante mundo del vudú.

Capítulo 1: Comprender el vudú y el hudú

Al adentrarse en la evolución histórica y cultural del vudú haitiano, el vudú de Nueva Orleans y el hudú, encontrará una compleja red de creencias y prácticas entrelazadas con las experiencias de los afrodescendientes en las Américas. Estas prácticas surgieron como una forma de preservar y celebrar la espiritualidad africana, a menudo frente a las fuerzas opresoras que pretendían borrarla.

Vudú haitiano

El vudú haitiano es una práctica espiritual compleja y llena de matices que surgió de las experiencias de los africanos occidentales esclavizados en Haití. La práctica está profundamente arraigada en las tradiciones de la espiritualidad de África Occidental y fue moldeada aún más por la vida forzada de la esclavitud y la resistencia de los africanos esclavizados hacia sus opresores. La práctica del vudú comenzó con la llegada de africanos esclavizados a Haití en el siglo XVI. Estos individuos procedían de diversas regiones de África Occidental, cada una con sus propias tradiciones y prácticas espirituales. Sin embargo, todos se vieron reunidos bajo el brutal nivel de vida de la esclavitud, y estas prácticas espirituales se convirtieron en una forma de preservar la cultura original de los esclavos y resistirse a los deseos de sus opresores.

Una de las creencias centrales del vudú haitiano es la idea de los Lwa, o espíritus, que son vistos como intermediarios entre los humanos y lo divino. Se cree que los Lwa pueden comunicarse con los antepasados y ofrecer protección y guía a quienes les honran. Muchos de los Lwa del vudú haitiano tienen sus raíces en las tradiciones espirituales de África Occidental. Sin embargo, han evolucionado y se han adaptado con el tiempo para reflejar las experiencias de los haitianos. La práctica del vudú haitiano también incluye elementos del catolicismo, la religión dominante de los colonizadores franceses en Haití. Los africanos esclavizados en Haití fueron obligados a convertirse al catolicismo. Aun así, a menudo encontraron formas de incorporar sus propias prácticas espirituales a la religión. Por ejemplo, identificaban a los santos católicos con los Lwa y utilizaban símbolos y rituales católicos en sus ceremonias de Vudú.

Uno de los aspectos más importantes del Vudú haitiano es el papel del sacerdote o sacerdotisa, conocido como houngan o mambo. Se cree que estas personas tienen una conexión especial con los Lwa. Son los responsables de dirigir las ceremonias y realizar los rituales. Los houngan o mambo pasan por un periodo de entrenamiento e iniciación, durante el cual aprenden los secretos del Vudú y las formas de comunicarse con los Lwa. La práctica del Vudú haitiano se ha enfrentado a la persecución y la supresión a lo largo de la historia. Los colonizadores franceses de Haití consideraron que el Vudú amenazaba su autoridad e intentaron suprimirlo por la fuerza. Sin embargo, el Vudú siguió practicándose en secreto y desempeñó un papel importante en la Revolución haitiana, que dio lugar a que Haití se convirtiera en la primera república negra del mundo.

Tras la Revolución haitiana, el vudú siguió practicándose en Haití y se extendió a otras partes del mundo. Sin embargo, muchos seguían viéndolo con recelo y temor. A principios del siglo XX, el periodista estadounidense William Seabrook escribió un libro sensacionalista sobre el vudú titulado "La isla mágica", que perpetuó muchos estereotipos negativos sobre esta práctica. A pesar de estos desafíos, el vudú haitiano ha seguido evolucionando y adaptándose. Hoy lo practican millones de personas en todo el mundo y ha tenido un impacto significativo en el arte, la música y la literatura. El vudú haitiano sigue siendo una fuerza poderosa para la curación espiritual y la preservación cultural, y sirve como recordatorio de la gran fuerza de los afrodescendientes en las Américas.

Vudú de Nueva Orleans

El vudú de Nueva Orleans, también conocido como vudú de Luisiana, es una mezcla única de prácticas religiosas y culturales africanas y europeas y de influencias nativas americanas. Ha sido moldeado por la historia de la ciudad y la gente que la ha llamado hogar. El vudú de Nueva Orleans tiene sus raíces en la trata transatlántica de esclavos, que llevó a millones de africanos a América. Muchos de estos africanos esclavizados procedían de las zonas hoy conocidas como Benín y Togo, donde se originó la religión del vudún (o vudú). Estos africanos fueron obligados a trabajar en las plantaciones de Luisiana, donde se les prohibió practicar sus propias religiones. Sin embargo, encontraron formas de mezclar sus tradiciones con las de sus captores, lo que dio lugar a la forma única de vudú que aún se practica en Nueva Orleans hoy en día.

Un altar vudú de Luisiana[1]

A finales del siglo XVIII y principios del XIX, varias personas libres de color de Nueva Orleans empezaron a practicar abiertamente el vudú. Estos practicantes eran a menudo curanderos y líderes espirituales en sus comunidades, y su influencia creció rápidamente. Conservaron muchos aspectos de la religión vudú original, como el uso de objetos rituales y el culto a los espíritus ancestrales. Una de las figuras más conocidas de la historia del vudú de Nueva Orleans es Marie Laveau. Nacida en 1801,

Laveau era una mujer libre de color que se convirtió en una renombrada sacerdotisa vudú. Era conocida por sus poderes curativos y su capacidad para comunicarse con los espíritus. Laveau era tan influyente que se decía que tenía el poder de conceder o denegar favores de los políticos de la ciudad.

Tras la Guerra de Secesión, la práctica del vudú comenzó a declinar en Nueva Orleans a medida que muchos afroamericanos se convertían al cristianismo. Sin embargo, su religión nunca se extinguió del todo. A principios del siglo XX, muchos escritores y artistas se interesaron por el vudú, que empezó a aparecer en la cultura popular. Esto condujo a un renacimiento del interés por la religión entre los afroamericanos, y se ha seguido practicando en Nueva Orleans hasta nuestros días.

Una de las características clave del vudú de Nueva Orleans es su énfasis en las relaciones personales con los espíritus. Los practicantes creen que se puede recurrir a los espíritus para que ayuden con todo tipo de problemas, desde cuestiones de salud hasta problemas financieros. También creen en el uso de amuletos, talismanes y hechizos para protegerse a sí mismos y a sus seres queridos de cualquier daño. Otro aspecto importante del vudú de Nueva Orleans es el uso de la música y la danza en las prácticas rituales. Las ceremonias vudú suelen incluir tambores y cánticos. Los participantes pueden entrar en un estado de trance mientras se comunican con los espíritus.

En los últimos años, el vudú de Nueva Orleans se ha enfrentado a las críticas de algunos sectores por su asociación con estereotipos negativos, como la idea del "muñeco vudú" como herramienta de venganza. Sin embargo, los practicantes sostienen que estos estereotipos se basan en una mala comprensión de la religión y sus prácticas. Señalan que el vudú es una religión profundamente espiritual y personal y que ha desempeñado un papel importante en la cultura de Nueva Orleans. Su historia está entrelazada con la de la ciudad y sus tradiciones se han transmitido a través de generaciones de practicantes. Sea usted creyente o escéptico, no se puede negar la influencia única y duradera del vudú de Nueva Orleans en la cultura y la mitología de América.

Hoodoo

El Hoodoo, o *conjuro*, es una práctica espiritual desarrollada entre los afroamericanos del sur de Estados Unidos. Sus raíces se remontan a las prácticas religiosas de África Occidental y Central traídas a América durante el comercio transatlántico de esclavos. El Hoodoo tiene una historia compleja y variada, influenciada por las tradiciones de múltiples grupos étnicos africanos y por la magia popular de los nativos americanos y europeos. Debido a ello, se ha convertido en una práctica espiritual distinta con una mezcla única de creencias, rituales y prácticas.

Se cree que la propia palabra "hoodoo" tiene su origen en el término "hudú" o "joodoo", que se utilizaba para describir una práctica religiosa del África Occidental. Con el tiempo, "hoodoo" se convirtió en un término comodín para designar diversas prácticas espirituales afroamericanas. Durante el periodo *antebellum*, a muchos africanos esclavizados se les prohibió practicar sus religiones tradicionales. Como resultado, adaptaron sus creencias y prácticas para que encajaran en el marco cristiano que les impusieron sus amos. Esto condujo al desarrollo de una forma de hoodoo que incorporaba elementos del cristianismo, incluido el uso de la Biblia y de santos cristianos en hechizos y rituales.

Después de la Guerra Civil, el vudú siguió evolucionando y adaptándose al cambiante paisaje social y cultural del Sur. Se hizo popular entre los afroamericanos rurales y urbanos, y sus prácticas se transmitían a menudo por tradición oral dentro de las familias y las comunidades. Los practicantes del hoodoo, también conocidos como *rootworkers*, a menudo creaban y vendían amuletos, talismanes y otros objetos a los que se atribuían propiedades mágicas. También realizaban hechizos y rituales para clientes que buscaban protección, curación, amor o prosperidad.

Además de sus raíces africanas, las prácticas de los nativos americanos y europeos han influido en el vudú. Por ejemplo, el uso de hierbas y raíces en el vudú se remonta a la práctica de los nativos americanos de utilizar plantas medicinales para la curación. Mientras tanto, la magia popular europea, como el uso de la astrología y la numerología, también se ha incorporado a las prácticas del vudú. A principios del siglo XX, el vudú se ganó la reputación de estar asociado con el mal o la magia oscura. Esto se debió en gran medida a las representaciones negativas en los medios de comunicación y a la asociación de la práctica con la cultura afroamericana, a menudo demonizada por la sociedad mayoritaria.

A pesar de esta percepción negativa, el hoodoo siguió prosperando en las comunidades afroamericanas. A mediados del siglo XX, el vudú se hizo cada vez más popular entre los practicantes blancos, sobre todo en el contexto del renacimiento de la música folk estadounidense. Esto también condujo a un renovado interés por el hoodoo entre los afroamericanos, y la práctica experimentó un renacimiento durante el Movimiento por los Derechos Civiles. El hoodoo sigue siendo una práctica espiritual vibrante y en evolución con practicantes en todo el mundo. Aunque muchos aspectos de la práctica han cambiado con el tiempo, sus creencias y valores fundamentales siguen arraigados en la experiencia y la cultura afroamericanas. Para los practicantes del vudú, la libertad se encuentra en la capacidad de conectar con sus antepasados, los espíritus y lo divino y crear un mundo mejor para ellos y sus comunidades.

Las tres prácticas, el vudú haitiano, el vudú de Nueva Orleans y el hoodoo, se han enfrentado a la persecución y la tergiversación a lo largo de la historia. A menudo se las consideraba peligrosas y eran reprimidas por las autoridades. Sin embargo, han perdurado y evolucionado, adaptándose a las nuevas circunstancias e incorporando nuevas influencias. Hoy en día, siguen siendo practicadas por personas de todo el mundo que buscan una conexión con sus antepasados, protección frente a los espíritus y curación para sus comunidades. La evolución de estas prácticas es un testimonio de la resistencia de la espiritualidad africana y de la importancia de preservar las tradiciones culturales. Al conocer estas prácticas y comprender sus contextos históricos y culturales, podrá apreciar mejor la diversidad y riqueza de las prácticas espirituales africanas y las experiencias de los afrodescendientes en América.

Similitudes y diferencias

A medida que explore el mundo de las religiones afrocaribeñas, es importante que comprenda las similitudes y diferencias entre tres prácticas distintas: El vudú haitiano, el vudú de Nueva Orleans y el hudú. Aunque comparten una historia y una ascendencia comunes, cada una tiene su identidad y sus creencias únicas. En primer lugar, las similitudes. Las tres prácticas son el resultado del sincretismo cultural entre las tradiciones africanas y europeas que se produjo durante la trata transatlántica de esclavos. Todas se practican en América y son una mezcla de creencias espirituales del África Occidental, de los nativos americanos y de Europa. Los practicantes de las tres prácticas creen en el poder de la veneración de los antepasados, la adivinación y el uso de elementos naturales para efectuar cambios en sus vidas. Las tres también reconocen la importancia de los espíritus, las deidades y el mundo invisible. El vudú haitiano, el vudú de Nueva Orleans y el hudú utilizan hierbas, raíces y otros elementos naturales para elaborar medicinas, amuletos y pociones. Cada práctica implica también el uso de talismanes, amuletos y baños espirituales.

Ahora bien, ¿cuáles son las diferencias? El vudú haitiano es una religión afro haitiana que surgió en Haití durante el siglo XVIII. El vudú de Nueva Orleans es una forma desarrollada originalmente en el sur de Estados Unidos, sobre todo en Nueva Orleans. Tiene sus raíces en el vudú haitiano, pero también incorpora elementos del catolicismo y de la espiritualidad de los nativos americanos. El vudú de Nueva Orleans también implica ceremonias y rituales, pero suelen ser menos formales que los del vudú haitiano. Hace mucho hincapié en la veneración de los antepasados y en el uso de talismanes, como las bolsas de gris-gris, para protegerse del mal o atraer la buena suerte. Los practicantes de hudú suelen incorporar elementos cristianos a su práctica, como el uso de salmos y oraciones en sus hechizos y rituales. También hacen mucho hincapié en el trabajo de raíces, que consiste en utilizar hierbas, minerales y otros elementos naturales para crear amuletos y pociones con diversos fines.

Respete estas prácticas

Para acercarse al vudú y al hudú con el respeto que merecen, es importante reconocer su significado espiritual y las tradiciones culturales que los sustentan. Esto requiere una apertura al aprendizaje y una voluntad de comprometerse con las prácticas de forma reflexiva y respetuosa. Un aspecto importante de esto es reconocer la importancia de la iniciación formal en el vudú y el hudú. La iniciación es un proceso por el cual una persona es formalmente acogida en una comunidad de practicantes y se le da acceso a los conocimientos y prácticas espirituales de esa comunidad.

En el vudú, la iniciación implica normalmente someterse a una serie de rituales y ceremonias, que incluyen ofrendas a los espíritus y la realización de adivinaciones. El objetivo de la iniciación es establecer una relación entre el practicante y los espíritus y obtener una comprensión más profunda del significado espiritual del vudú. Del mismo modo, en el Hoodoo, la iniciación implica la transmisión de conocimientos y prácticas de generación en generación. Esto puede implicar aprender de un miembro de la familia o de otro practicante experimentado y puede suponer someterse a rituales o ceremonias específicas para marcar la transición hacia la plena pertenencia a la comunidad Hoodoo. La iniciación es esencial tanto en el vudú como en el hudú porque permite a los practicantes comprometerse plenamente con el significado espiritual de estas prácticas y comprender los significados más profundos que se esconden tras los rituales y ceremonias que realizan.

Otro aspecto importante de acercarse respetuosamente al vudú y al hudú es evitar blanquear o apropiarse de estas prácticas. Esto significa reconocer y honrar las tradiciones culturales que las sustentan y no intentar despojarlas de sus raíces africanas. Por ejemplo, en Estados Unidos, los practicantes blancos del hudú y el vudú llevan mucho tiempo apropiándose de estas prácticas e intentando borrar sus raíces africanas. Esto puede adoptar muchas formas, desde afirmar tener acceso a conocimientos secretos o poderes espirituales hasta cooptar símbolos y prácticas de otras culturas y presentarlos como propios. Para evitar este tipo de apropiación, es importante acercarse al vudú y al hudú con humildad y la voluntad de aprender de quienes han practicado estas tradiciones durante generaciones. Esto puede implicar buscar a practicantes experimentados y aprender de ellos o dedicarse a una investigación seria para comprender mejor las tradiciones culturales que sustentan estas prácticas.

Una advertencia

Es importante acercarse a la práctica del vudú y el hudú con gran respeto y precaución. Estas tradiciones sagradas se han transmitido de generación en generación y es esencial comprender su significado y su poder antes de intentar dedicarse a ellas. Uno de los peligros más significativos de acercarse al vudú o al hudú sin el conocimiento o la orientación adecuados es el riesgo de invocar a los espíritus de forma inapropiada o irrespetuosa. Estos espíritus no deben tomarse a la ligera ni utilizarse en beneficio propio, e invocarlos sin la preparación y la intención adecuadas puede tener graves consecuencias. Es habitual que quienes intentan practicar el vudú o el hudú sin los conocimientos adecuados experimenten resultados negativos, o incluso peligrosos.

En muchas tradiciones espirituales, el acto de invocar a los espíritus se considera una práctica poderosa y potencialmente peligrosa. En el vudú y el hudú, esto no es una excepción. De hecho, es de suma importancia que cualquiera que busque trabajar con espíritus en estas tradiciones aborde la práctica con respeto, precaución y la orientación adecuada. Uno de los principales riesgos de invocar a los espíritus sin la iniciación o la orientación adecuadas es la posibilidad de causar daños a uno mismo o a los demás. Los espíritus pueden ser entidades poderosas con sus propias agendas y no siempre son benévolos o útiles. Si alguien intenta trabajar con un espíritu sin el conocimiento o la orientación adecuados, puede invitar inadvertidamente a una entidad maligna u ofender involuntariamente a uno de los espíritus, lo que puede acarrear consecuencias negativas como enfermedad, mala suerte o incluso daños físicos.

Otro riesgo de trabajar con espíritus sin la iniciación o la orientación adecuadas es la posibilidad de que el practicante se desequilibre o se vuelva inestable. En el vudú y el hudú se hace mucho hincapié en el equilibrio espiritual y emocional, y esto puede ser difícil de conseguir sin la orientación adecuada. Intentar trabajar con espíritus por cuenta propia puede hacer que el practicante se centre demasiado en el ámbito espiritual en detrimento de su bienestar físico y emocional. Además, cuando alguien trabaja con espíritus sin la iniciación o la orientación adecuadas, corre el riesgo de ofender a los espíritus o a la comunidad de practicantes. El vudú y el hudú no son prácticas espirituales casuales. Están profundamente arraigadas en contextos culturales e históricos específicos y quienes las practican se las toman muy en serio. Participar en la práctica sin el debido respeto o reverencia puede considerarse una falta de respeto o una apropiación; esto podría acarrear consecuencias negativas tanto en el ámbito espiritual como en la comunidad en general.

Ha habido muchos casos a lo largo de la historia de individuos que han intentado invocar espíritus sin la orientación o la iniciación adecuadas, con resultados desastrosos. En algunos casos, entidades malévolas han poseído a los practicantes, provocándoles daños físicos o la muerte. En otros, los individuos han ofendido involuntariamente a espíritus poderosos, resultando en desgracias o enfermedades a largo plazo. En algunos casos, los individuos que han intentado practicar el vudú o el hudú sin el debido respeto se han encontrado con la reacción violenta de la comunidad de practicantes en general, lo que les ha llevado al ostracismo o incluso a ser objeto de violencia.

Por eso se desaconseja encarecidamente invocar a cualquier espíritu o intentar hechizos y rituales por lo que haya oído. En su lugar, se recomienda buscar la orientación de un practicante experimentado o realizar una investigación seria antes de practicar estas tradiciones de forma independiente. Un practicante experimentado puede proporcionarle una valiosa orientación para abordar estas prácticas de forma respetuosa. También pueden guiarle en la búsqueda de un maestro o mentor adecuado que pueda proporcionarle más orientación sobre la participación segura en estas tradiciones. Además, leer libros o asistir a clases y talleres puede proporcionar una base de conocimiento y comprensión antes de intentar practicar.

Es esencial comprender que no se trata de meros trucos de salón o de entretenimiento. El vudú y el hudú son prácticas espirituales serias con una rica historia cultural y profundas raíces en la espiritualidad africana. No deben tomarse a la ligera ni tratarse como una forma de entretenimiento. La mejor manera de acercarse a estas prácticas es con humildad y voluntad de aprender. Es esencial comprender el contexto cultural del vudú y el hudú y acercarse a ellos con una mente abierta y un profundo respeto por las tradiciones y los espíritus implicados. También es importante tener en cuenta que en muchas tradiciones vudú y hudú se recomienda la iniciación formal. La iniciación implica un proceso de desarrollo espiritual, en el que se le enseña la forma adecuada de acercarse a los espíritus y cómo utilizarlos de forma respetuosa y responsable. No es un proceso que deba tomarse a la ligera, ya que implica un compromiso con la tradición y con los propios espíritus.

Capítulo 2: Bondye y el mundo

El concepto de un ser supremo es fundamental en muchas tradiciones religiosas y espirituales, y el vudú haitiano, el vudú de Nueva Orleans y el hudú no son una excepción. En estas prácticas, el ser supremo se conoce como Bondye, una deidad a la vez misteriosa y poderosa que es la creadora del universo y de toda la vida que hay en él.

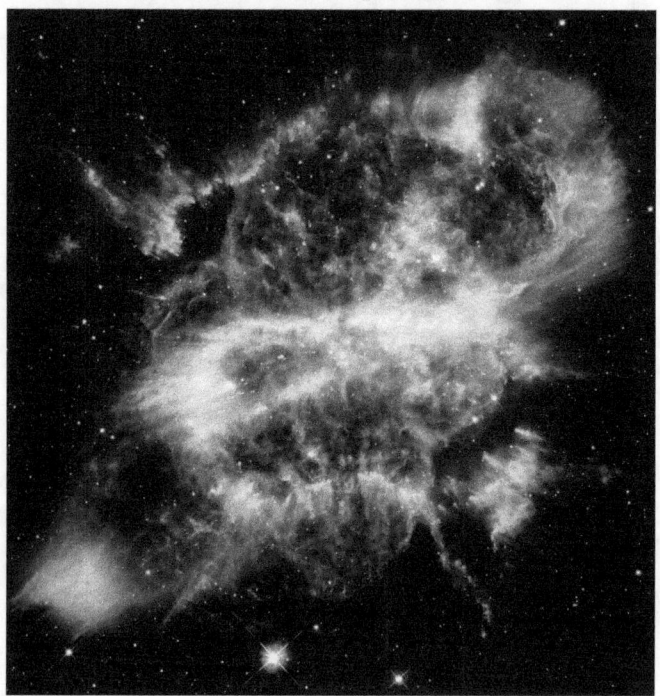

Bondye es el ser supremo que creó el universo[2]

Sobre Bondye

A menudo se describe a Bondye como un ser más allá de la comprensión humana, que existe en un reino más allá de nuestro entendimiento. Su nombre deriva de la frase francesa "Bon Dieu", que significa "Dios bueno". Este nombre es significativo porque enfatiza la naturaleza benévola de Bondye y lo distingue de otros espíritus que pueden ser más traviesos o malévolos por naturaleza. Bondye representa un elemento clave del vudú haitiano, el vudú de Nueva Orleans y el hudú y sirve como poderoso recordatorio de los misterios y maravillas del mundo natural y de nuestro lugar en él. Bondye se asocia a menudo con el color blanco, que representa la pureza y la trascendencia. Algunos practicantes creen que es el mismo que el Dios cristiano, mientras que otros lo ven como una deidad distinta con sus propias características y cualidades.

Según el vudú haitiano, Bondye fue el creador del universo y de toda la vida que hay en él. Es responsable de los ciclos de la vida y la muerte y se dice que está presente en todos los aspectos del mundo natural. Se dice que los Lwa, o espíritus, son intermediarios entre Bondye y el mundo físico, permitiendo a los humanos comunicarse con lo divino. A diferencia de los Lwa, que se cree que son espíritus de antepasados fallecidos y otros seres, Bondye es visto como una fuerza puramente divina e inmutable. A menudo se le asocia con la creación, el orden y la estabilidad, mientras que a los Lwa se les asocia con el cambio, el caos y la transformación. El vudú y el hudú de Nueva Orleans también reconocen a Bondye como el Ser Supremo, pero sus creencias y prácticas pueden diferir en algunos aspectos de las del vudú haitiano. Por ejemplo, en el Hoodoo, Bondye se considera a menudo menos central en la práctica que en el Vudú haitiano, y se hace más hincapié en el uso de hierbas, raíces y otros materiales naturales para hacer magia e influir en el mundo en el que se vive.

A pesar de estas diferencias, el concepto de Bondye como Ser Supremo sigue siendo una parte central de las tres tradiciones. Bondye es visto como una deidad poderosa y benevolente que posee la clave de los misterios del universo y de los ciclos de vida y muerte que rigen este mundo. En muchos sentidos, se le puede considerar un símbolo de esperanza y trascendencia, que ofrece a los practicantes del vudú haitiano, el vudú de Nueva Orleans y el hudú una forma de conectar con algo más grande que ellos mismos y encontrar sentido y propósito en un mundo que a menudo parece caótico e impredecible.

Al mismo tiempo, sin embargo, es importante reconocer las limitaciones de nuestra comprensión de Bondye y de los reinos espirituales que habita. Aunque los Lwa pueden proporcionar un medio de comunicación entre la humanidad y lo divino, no son infalibles, y siempre es importante acercarse a las prácticas espirituales con respeto y precaución, buscando la guía de practicantes experimentados y realizando su propia investigación para profundizar en su comprensión de estas complejas y poderosas tradiciones.

Cómo Bondye creó el mundo

La creación del mundo es un tema central en las creencias de muchas prácticas espirituales, y el vudú haitiano, el vudú de Nueva Orleans y el hudú no son una excepción. En el centro de estas prácticas está la creencia en un ser supremo, Bondye, al que se atribuye la creación del mundo y de todo lo que hay en él. En el vudú haitiano, se cree que Bondye creó el mundo a través de un proceso que implicó separar la tierra del cielo y crear a los primeros humanos a partir de arcilla. Según el vudú haitiano, el mundo fue creado en siete días, y cada día representa un aspecto diferente de la creación. El primer día se dedicó a la creación de los cielos, seguido de la creación de la tierra, el mar, el sol, la luna, los animales y, por último, los humanos. Este proceso de creación se considera un reflejo del poder y la creatividad de Bondye, además de simbolizar su relación continua con el mundo y sus habitantes.

La historia de la creación es ligeramente diferente en el vudú de Nueva Orleans, pero los temas básicos siguen siendo los mismos. Según el vudú de Nueva Orleans, Bondye creó el mundo mediante un proceso de división, creando el mundo físico a partir de una única fuente de energía. Este proceso de división se considera un reflejo del poder y la creatividad de Bondye y un símbolo de su relación permanente con el mundo y sus habitantes.

El Hoodoo, por otro lado, no tiene una historia de creación específica. Más bien, los practicantes de Hoodoo creen que el mundo fue creado por una combinación de fuerzas naturales y energías espirituales, con Bondye como fuente última de estas energías. Esta creencia en una combinación de energías naturales y espirituales refleja las raíces del Hoodoo en las religiones tradicionales africanas, que a menudo ven los mundos natural y espiritual como interconectados e interdependientes.

A pesar de las diferencias en sus historias de la creación, las tres prácticas hacen hincapié en el papel central de Bondye en la creación del mundo y en la relación continua entre lo divino y el mundo físico. Esta relación se considera una parte esencial de la vida espiritual, y los practicantes a menudo tratan de profundizar su conexión con Bondye a través de la oración, la meditación y la práctica ritual. Cabe señalar que las historias de la creación de estas prácticas no deben tomarse literalmente, sino más bien como representaciones simbólicas de la relación entre lo divino y el mundo físico. Como ocurre con muchas otras prácticas espirituales, la creencia no se centra en los detalles de la historia de la creación en sí, sino en el significado y el simbolismo más profundos que se esconden tras ella.

El vudú haitiano y Bondye

Como Ser Supremo, Bondye desempeña un papel fundamental en el vudú haitiano. A diferencia de los Lwa (o Loa), que se consideran más accesibles y pueden invocarse mediante rituales y oraciones, Bondye suele considerarse demasiado distante para que los seres humanos puedan contactar directamente con él. Es una figura remota y poderosa y no se le suele venerar del mismo modo que a los Lwa. En su lugar, los practicantes del vudú haitiano ven a Bondye como un observador distante del mundo cuyo poder se hace sentir a través de sus creaciones, incluidos los Lwa y el mundo natural.

En el vudú haitiano, la relación entre los humanos y lo divino está mediada a través de los Lwa, que son vistos como la fuerza más activa del universo. Aunque se puede invocar a los Lwa para fines específicos como la curación, la protección o la prosperidad, Bondye es visto como la fuente de todos estos poderes. Por ello, su influencia se deja sentir a través de los Lwa y sus acciones en el mundo.

La importancia de Bondye en el vudú haitiano también se refleja en las prácticas y rituales de la religión. A menudo se invoca a Bondye al principio y al final de las ceremonias Vudú, y su nombre se utiliza a menudo en las bendiciones y oraciones. Sin embargo, dado que se le considera demasiado remoto como para contactar directamente con él, no suele ser el centro del culto Vudú. En su lugar, los Lwa son el foco principal de la mayoría de las ceremonias, y es a través de su presencia como se siente el poder de Bondye. Uno de los aspectos más importantes del papel de Bondye en el vudú haitiano es la creencia de que es la fuente de toda la vida y del universo. Esta historia se cuenta a menudo en las ceremonias del vudú haitiano y es fundamental para las creencias de la religión. Enfatiza la interconexión de todas las cosas y la idea de que todo en el mundo está conectado con Bondye, la fuente última de poder y creación.

El vudú de Nueva Orleans y Bondye

En el vudú de Nueva Orleans, Bondye también es reconocido como el Ser Supremo, pero su papel es ligeramente diferente de cómo se le ve en el vudú haitiano. La influencia del catolicismo y el contexto cultural de Nueva Orleans han contribuido al desarrollo de una forma única de vudú que hace hincapié en la intercesión de santos y espíritus, además de en la forma en que los practicantes ven a Bondye. En el vudú de Nueva Orleans, a menudo se hace referencia a Bondye como "Gran Met" o "Gran Maestro" y se le considera el creador del universo y de todos los seres vivos. Al igual que en el vudú haitiano, se cree en una cosmología dualista, en la que el mundo material y el espiritual existen simultáneamente, pero por separado. Bondye es visto como la fuente de toda creación y a menudo se le representa como una fuerza distante y poderosa. La comunicación con él se realiza a través de intermediarios como espíritus y santos.

Sin embargo, a diferencia del vudú haitiano, en el vudú de Nueva Orleans se suele considerar que los espíritus o "Lwa" tienen una influencia y un poder más directos sobre la vida cotidiana. Esto se debe en parte a la influencia cultural de Luisiana, que tiene una historia de prácticas folclóricas y sincretismo entre el catolicismo y las tradiciones espirituales africanas. En el vudú de Nueva Orleans, se considera que los espíritus tienen la capacidad de intervenir en los asuntos humanos y proporcionar ayuda o protección, y a menudo son el centro de la veneración y las prácticas rituales. Al incorporar el catolicismo, el vudú de Nueva Orleans también reconoce la importancia de los santos en el ámbito espiritual, y muchos practicantes invocarán a santos católicos junto a los espíritus del vudú. Este enfoque sincrético se refleja también en el uso de iconografía católica en los rituales vudú y en la inclusión de elementos como velas e incienso en las prácticas vudú.

Hoodoo y Bondye

En la tradición del Hoodoo, el papel de Bondye es algo diferente de cómo se le ve en el Vudú haitiano y de Nueva Orleans. Bondye es visto como el creador último y la fuente de todo poder espiritual, pero no suele ser adorado o invocado directamente en las prácticas Hoodoo. En su lugar, los practicantes de Hoodoo suelen centrarse en trabajar con espíritus individuales y fuerzas espirituales para lograr los resultados deseados.

Bondye sigue desempeñando un papel importante en el Hoodoo como fuente última de todo poder espiritual. Muchos practicantes de Hoodoo creen que todos los espíritus y fuerzas espirituales están en última instancia bajo el control de Bondye y pueden ser invocados a través del poder de su nombre. En algunas tradiciones Hoodoo, el nombre "Bon Dieu" (que significa "Dios bueno" en francés, un legado de las raíces criollas del Hoodoo) se utiliza como término general para cualquier fuerza divina o espiritual a la que se puede pedir ayuda.

Una de las diferencias clave entre el Hoodoo y las tradiciones Vudú es que el Hoodoo no suele implicar una iniciación formal o la pertenencia a una comunidad religiosa específica. En su lugar, el Hoodoo suele transmitirse de padres a hijos o adquirirse a través del estudio y la práctica personales. Como resultado, dependiendo de sus creencias y experiencias personales, los practicantes individuales pueden tener diferentes puntos de vista sobre el papel de Bondye y otras fuerzas espirituales en su práctica. Sin embargo, a pesar de estas diferencias, muchos practicantes de Hoodoo siguen respetando profundamente a Bondye como fuente última de todo poder espiritual. Puede que utilicen su nombre en oraciones o invocaciones o que busquen alinearse con su voluntad divina en su trabajo mágico. En definitiva, el papel de Bondye en el Hoodoo es complejo y polifacético, y refleja las diversas creencias y prácticas espirituales de esta singular tradición popular afroamericana.

Sobre el Lwa

En primer lugar, es esencial comprender que los Lwa no son dioses en el sentido tradicional. No son omnipotentes, omnipresentes ni omniscientes. En su lugar, son seres con personalidades únicas y áreas específicas de especialización. Cada Lwa tiene su propia historia, mitología y habilidades. Algunos están asociados a lugares concretos, mientras que otros están relacionados con aspectos específicos de la vida, como el amor, la salud o la riqueza. Se cree que los Lwa son entidades espirituales poderosas que pueden proporcionar guía, protección y bendiciones a quienes les rinden culto.

La relación entre Bondye y los Lwa es compleja. Bondye es considerado el Ser Supremo, el creador del universo y la fuente de toda vida. Los Lwa, por su parte, son vistos como intermediarios, tendiendo un puente entre el mundo físico y el espiritual. Se cree que son los espíritus de aquellos que han fallecido y ahora forman parte del reino espiritual. Algunos creen que los Lwa eran originalmente humanos que alcanzaron un estado espiritual superior tras la muerte y fueron elevados a una posición de influencia divina. Otros creen que los Lwa son espíritus independientes que siempre han existido y que simplemente fueron reconocidos e incorporados a las prácticas vudú con el paso del tiempo. En cualquiera de los casos, se cree que Bondye otorgó a los Lwa su poder y autoridad para interactuar con los humanos y afectar al mundo físico. Los detalles exactos de cómo fueron creados los Lwa y por quién varían entre las diferentes tradiciones e interpretaciones del Vudú.

Los Lwa trabajan con Bondye para proporcionar guía espiritual y bendiciones a los practicantes. En el vudú haitiano y en el vudú de Nueva Orleans, los Lwa son invocados a través de rituales y ceremonias que incluyen música, danza y ofrendas. Los practicantes suelen hacer ofrendas a los Lwa, como comida, alcohol o flores, para establecer una relación y ganarse su favor. Se cree que los Lwa sienten una especial predilección por determinados tipos de ofrendas y que es más probable que proporcionen bendiciones cuando se les presentan sus regalos preferidos.

En el Hoodoo, la relación entre los Lwa y los practicantes es menos formal. Aunque los Lwa siguen siendo considerados espíritus poderosos, los practicantes de Hoodoo no pueden realizar ceremonias formales ni hacerles ofrendas. En su lugar, pueden invocar a los Lwa en hechizos o rituales para que les proporcionen guía o protección. Los practicantes de Hoodoo también pueden trabajar con otros espíritus, como antepasados o ángeles de la guarda, además de los Lwa.

Es importante tener en cuenta que los Lwa no son todopoderosos. No pueden conceder todas las peticiones y puede que no siempre respondan a las plegarias de la forma que esperan los practicantes. Aunque se cree que los Lwa tienen el poder de influir en el mundo físico, también están sujetos a las leyes de la naturaleza y a la voluntad de Bondye. Algunos practicantes pueden asumir erróneamente que los Lwa son omnipotentes, lo que les lleva a la decepción o desilusión cuando sus plegarias no son respondidas como esperaban.

Además, los Lwa son a menudo malinterpretados como dioses o demonios por quienes no están familiarizados con el vudú haitiano, el vudú de Nueva Orleans y el hudú. Esta idea errónea puede deberse en parte a las poderosas habilidades de los Lwas y a sus personalidades únicas. Algunos Lwa están asociados a aspectos más oscuros de la vida, como la muerte o la enfermedad, lo que puede contribuir a la idea de que son seres malévolos. Sin embargo, se trata de una interpretación errónea de su papel en estas prácticas. Los Lwa no son venerados del mismo modo que los dioses o los demonios y no se les considera fundamentalmente diferentes de los seres humanos. Por el contrario, se les considera parte del reino espiritual, al igual que los antepasados y los ángeles de la guarda.

Por favor, no intente ir directamente a Bondye. Bondye se considera demasiado poderoso y remoto para que la mayoría de los humanos puedan comunicarse de forma efectiva, lo que dificulta, si no imposibilita, la comunicación directa. No tome esto como que el buen Dios no se preocupa por usted y sus asuntos. Lo hace, y por eso ha enviado intermediarios para que ustedes puedan comunicarse a través de ellos. Además, intentar invocarle sería una falta de respeto a todas las prácticas vudú. Si considera que su problema es tan urgente que solo Bondye puede ayudarle, se recomienda que busque la orientación de un practicante experimentado de Vudú, que pueda ayudarle a comunicarse con lo divino de forma segura y eficaz. Esto puede implicar una purificación ritual, ofrendas a los Lwa y la guía de un intermediario experimentado en la comunicación con lo divino.

Capítulo 3: Los aliados del vudú: Los Lwa y los antepasados

Los Lwa, son espíritus que desempeñan un papel importante en la religión diaspórica africana del vudú. En el vudú haitiano, los Lwa están organizados en siete "nanchons" o "naciones", cada una con sus propias características, símbolos y rituales. Comprender la naturaleza de cada nanchon es importante para los practicantes de vudú, ya que orienta la selección de las ofrendas, canciones y danzas apropiadas para invocar a los Lwa. En el vudú de Nueva Orleans, solo hay tres nanchons: Los nanchons Rada, Petro y Gede. En cuanto al Hoodoo, no se hace mucho hincapié en las clasificaciones de estos espíritus.

Los Lwa o Loa son espíritus que desempeñan un papel importante en el vudú[9]

Los Nanchons del Vudú haitiano

La Rada Lwa El primer nanchon es Rada, también conocido como Radha. Los Rada Lwa se consideran los más antiguos de las siete naciones de Lwa y están asociados con los espíritus del pueblo Fon de Dahomey. Sus tradiciones hacen hincapié en la armonía, la paz y la curación. A menudo se recurre a los rada Lwa para resolver conflictos, curar enfermedades y traer prosperidad a sus seguidores. Los símbolos asociados a los Rada Lwa son generalmente redondos y simétricos, y sus velos incluyen a menudo círculos y líneas entrecruzadas. A menudo se invoca a los Rada Lwa a través de tambores y danzas, así como mediante el uso de remedios herbales específicos y baños espirituales. Los seguidores de la tradición rada también pueden ofrecer regalos y sacrificios a los Lwa, como comida, bebida y sacrificios de animales.

El Petro Lwa: El segundo nanchon es Petro, también conocido como Pethro o Petwo. Estas entidades feroces y ardientes tienen fama de ser de las más peligrosas e impredecibles de la religión vudú. Los Petro Lwa están asociados a los espíritus de la Revolución haitiana y sus tradiciones hacen hincapié en el poder, la resistencia y la revolución. A menudo se recurre a estos espíritus para que ayuden a sus seguidores a luchar contra la opresión y la injusticia, y son conocidos por su capacidad para desatar poderosas fuerzas de destrucción contra sus enemigos. Los símbolos asociados a los Petro Lwa son generalmente dentados y asimétricos, y sus vetas incluyen a menudo zig-zags y ángulos agudos.

Los espíritus de esta nación también son conocidos por su asociación con el fuego y la sangre. Se cree que estas poderosas fuerzas son la clave para liberar todo el potencial de los Petro Lwa, y muchos de sus rituales implican el uso del fuego y la sangre para activar sus poderes. Sin embargo, el poder de los Petro Lwa no está exento de riesgos. Estos espíritus son conocidos por su naturaleza volátil e impredecible, y no se debe jugar con ellos. Quienes deseen trabajar con los Petro Lwa deben acercarse con cautela y respeto y estar preparados para afrontar las consecuencias de sus actos.

Además, los Petro Lwa son a menudo malinterpretados y difamados por quienes no pertenecen a la comunidad Vudú. A veces se les asocia con la magia negra y las fuerzas del mal, y sus seguidores suelen ser demonizados y perseguidos. Se trata de un trágico malentendido de la verdadera naturaleza de los Petro Lwa, y pone de relieve la importancia de la educación y la comprensión cuando se trata de la religión Vudú.

Los Nago Lwa: La nación Nago Lwa es un grupo de espíritus profundamente arraigados en la religión africana yoruba. Son conocidos por sus cualidades feroces y guerreras. A menudo se les pide ayuda en asuntos relacionados con la protección, la justicia y la fuerza. Se dice que los nago Lwa poseen un conocimiento profundo e íntimo de los secretos del universo y que poseen las claves para desvelar los misterios de la vida y la muerte. Los velos asociados a este nanchon de Lwa son intrincados y complejos, a menudo presentan patrones de líneas entrelazadas y formas geométricas. Se cree que estos símbolos representan la naturaleza compleja y entrelazada del universo y la interconexión de todos los seres vivos.

En la tradición vudú, los Nago Lwa se asocian con el color rojo, que se dice que representa su naturaleza ardiente y apasionada. A menudo se les representa con armas o símbolos de guerra, como lanzas o espadas, y son conocidos por su naturaleza feroz e intransigente. Sin embargo, a pesar de sus cualidades guerreras, estos Lwa también son profundamente compasivos y bondadosos. Conocidos por su capacidad para curar, tanto física como espiritualmente, a menudo son llamados para ayudar a aquellos que sufren una enfermedad específica o angustia emocional. Los Lwa también están asociados con el elemento del fuego, que se considera una fuerza purificadora y transformadora. Se dice que tienen el poder de quemar las energías negativas y ayudar a quienes buscan orientación a resurgir de las cenizas de su pasado y renacer de nuevo.

Acercarse a las Nago Lwa es entrar en un mundo de misterio y poder, donde las fronteras entre los reinos físico y espiritual se difuminan y disuelven. Aquellos que busquen su guía deben hacerlo con respeto y reverencia, pues con los Nago Lwa no se juega. A pesar de su temible reputación, los Nago Lwa están profundamente comprometidos a ayudar a aquellos que buscan su guía. Son conocidos por su feroz lealtad y su inquebrantable dedicación a sus seguidores y harán todo lo posible para asegurarse de que aquellos que buscan su ayuda estén protegidos y reciban apoyo.

Los kongo Lwa: El nanchon Kongo de Lwa es una fuerza poderosa en el mundo del vudú. Sus tradiciones están profundamente arraigadas en la cultura y la historia del pueblo del Kongo llevado a Haití como esclavos. Los Lwa del Kongo están asociados con los espíritus del pueblo Kongo, y sus tradiciones hacen hincapié en la fuerza, el coraje y la resistencia. A menudo se les pide que ayuden a sus seguidores a superar los obstáculos y a encontrar el éxito en circunstancias difíciles.

Los Kongo Lwa están organizados en cuatro familias o grupos: Lemba, Simbi, Mayisi y Ti-Jean Petro. Cada familia tiene su propio conjunto de espíritus y tradiciones, pero todas están unidas por un profundo sentimiento de orgullo y una feroz devoción hacia sus seguidores. La familia Lemba es quizá la más conocida de los nanchon kongo. Están asociados con los espíritus de la corte real del reino kongo, y sus tradiciones hacen hincapié en la justicia, el orden y la estabilidad. A menudo se recurre a los Lemba Lwa para que ayuden a resolver disputas y traigan la paz a sus seguidores. Sus velos son a menudo muy detallados e intrincados, presentando complejos patrones geométricos y formas entrelazadas.

La familia Simbi está asociada con los espíritus del agua, y sus tradiciones hacen hincapié en la curación y la transformación. A menudo se recurre a los Simbi Lwa para que ayuden a curar dolencias físicas y emocionales y para que provoquen cambios positivos en la vida de sus seguidores. Sus velos presentan a menudo imágenes de serpientes y otras criaturas acuáticas, así como líneas y curvas fluidas. Los Mayisi están asociados con los espíritus del bosque y sus tradiciones hacen hincapié en la protección y la fuerza. A menudo se recurre a los Mayisi Lwa para que ayuden a sus seguidores a superar obstáculos y a defenderse de cualquier daño. Sus velos presentan a menudo imágenes de árboles, animales y otros símbolos del bosque.

Por último, la familia Ti-Jean Petro está asociada con los espíritus de la Tierra, y sus tradiciones hacen hincapié en el poder y la transformación. A menudo se recurre a los Ti-Jean Petro Lwa para que ayuden a sus seguidores a alcanzar sus objetivos y superar sus miedos. Sus velos suelen ser muy audaces y dramáticos, con poderosas imágenes de fuego y tierra.

Los Djouba Lwa: El quinto nanchon es Djouba, que se asocia con los espíritus del pueblo mandinga de África Occidental. Los Djouba Lwa son conocidos por su energía y vitalidad, y a menudo se recurre a ellos para que ayuden con la fertilidad, la creatividad y la inspiración. Los Djouba Lwa también están asociados con el poder del sol y a veces se les invoca para que aporten luz y calor a sus seguidores. Los símbolos asociados a los Djouba Lwa incluyen a menudo círculos, espirales y girasoles.

Los Djouba nanchon de Lwa, una fuerza poderosa y enigmática dentro de la religión vudú, encarnan una compleja red de influencias y tradiciones que abarcan tanto el tiempo como el espacio.

Pero a pesar de su naturaleza esquiva y a menudo de otro mundo, los Djouba siguen siendo una parte esencial de la práctica del vudú, venerados por su capacidad para atraer la prosperidad, la buena suerte y la curación a quienes los invocan. Uno de los símbolos más poderosos asociados a los Djouba nanchon es la encrucijada, que representa la intersección de mundos diferentes y la posibilidad de nuevos comienzos. Se cree que los Djouba Lwa habitan en la encrucijada, guiando y protegiendo a quienes buscan su ayuda.

Pero los Djouba no son simples guardianes pasivos de la encrucijada. También son agentes activos de cambio y transformación, capaces de provocar cambios profundos en la vida de sus seguidores. A través de sus rituales y ofrendas, los Djouba pueden curar enfermedades, atraer la buena fortuna e incluso ayudar a encontrar el amor. Sin embargo, a pesar de sus muchos dones y poderes, los Djouba nanchon siguen siendo un misterio para muchos forasteros, su verdadera naturaleza y significado solo los conocen aquellos que se han ganado su confianza y respeto. Para los no iniciados, los Djouba pueden parecer caprichosos e imprevisibles, y sus acciones y deseos difíciles de comprender.

Sin embargo, para aquellos que han experimentado el poder transformador de los Djouba, no hay duda de que estos Lwa son una fuerza a tener en cuenta como agentes de cambio y transformación que tienen la llave para abrir nuevas posibilidades y potencial. En muchos sentidos, los Djouba nanchon encarnan el espíritu del propio vudú, una tradición compleja y dinámica que se nutre de la sabiduría y los conocimientos de muchas culturas y tradiciones diferentes. Como los propios Lwa, el vudú es una fuerza que trasciende las fronteras, conectando a la gente a través del tiempo y el espacio y ayudándoles a sortear los retos y las oportunidades de la vida.

Los Lwa ibo El sexto nanchon es el Ibo, que se asocia con los espíritus del pueblo igbo de Nigeria. Los Ibo Lwa son conocidos por su capacidad para comunicarse con el reino espiritual, y a menudo se recurre a ellos para que ayuden en la adivinación y la profecía. Los Ibo Lwa también están asociados con el poder del viento, y a veces se les invoca para traer el cambio y la transformación.

Los Ibo Lwa son conocidos por su profunda conexión con la naturaleza, inspirándose en la tierra, el cielo y los espíritus que habitan en ellos. Son fieros protectores de sus seguidores, protegiéndoles del mal y guiándoles hacia el camino de la rectitud. Sus velos son intrincados y complejos, representando el intrincado equilibrio entre el mundo natural y el reino espiritual. A menudo se recurre a los Ibo Lwa para asuntos relacionados con la justicia y la moralidad, y ocupan un lugar especial en los corazones de aquellos que buscan orientación en tiempos difíciles.

Pero su poder no viene sin sacrificios. El pueblo ibo se ha enfrentado a innumerables dificultades a lo largo de su historia, desde los horrores de la esclavitud hasta la brutal colonización de su tierra. Y sin embargo, a pesar de todo, han perseverado, aferrándose a sus tradiciones y a su conexión con los espíritus que les guían. Los ibo Lwa reflejan esta perseverancia, encarnando la fuerza y la determinación de su pueblo. Sus rituales están impregnados de tradición, cada uno cuidadosamente elaborado para honrar a los espíritus e invocar su poder. Los ritmos de los tambores y el vaivén de las bailarinas sirven de conducto, canalizando la energía de los espíritus y trayéndola al mundo.

Los ibo Lwa también están asociados con el poder del conocimiento y la educación. Entienden que el verdadero poder no solo proviene de la fuerza física, sino de la fuerza de la mente y la sabiduría del alma. Son maestros y guías, imparten sus conocimientos a quienes los buscan y les ayudan a crecer y evolucionar.

Los Ghede Lwa Los Ghede nanchon de Lwa son un misterioso y poderoso grupo de espíritus conocidos por su conexión con la muerte y el más allá. Son a la vez temidos y venerados, y su presencia se hace sentir en toda la religión Vudú. A menudo se les invoca para que ayuden en asuntos relacionados con la muerte, y sus tradiciones hacen hincapié en el humor, la sexualidad y la fertilidad. En el mundo del Vudú, son guardianes de la puerta, tienen la llave de los misterios de la vida y la muerte.

Existe una cierta mística en torno a los Ghede nanchon. Se les considera forasteros y sus tradiciones son a menudo malinterpretadas por quienes tienen escasos conocimientos de la religión. Pero para los que practican el vudú, los ghede Lwa son esenciales en el paisaje espiritual. Son un recordatorio de la fragilidad de la vida y de la importancia de honrar a los que han fallecido. Este nanchon está formado por un grupo diverso de espíritus, cada uno con sus propios atributos y personalidades. Algunos son conocidos por su comportamiento estridente, mientras que otros son más serios y contemplativos. Pero todos ellos comparten una profunda conexión con la muerte y una poderosa capacidad para ayudar a guiar las almas de los difuntos.

El nanchon de Ghede es también el hogar de muchos espíritus importantes, cada uno con su propia personalidad y papel dentro del nanchon. Pero a pesar de sus diferencias, todos comparten una profunda conexión con el mundo de los muertos y una poderosa capacidad para ayudar a quienes luchan con cuestiones relacionadas con la muerte y el más allá. El nanchon se ve a menudo como un símbolo del círculo de la vida; es un recordatorio de que la muerte no es un final, sino más bien una transición a una nueva fase de la existencia. Los Ghede Lwa son vistos como guías, que ayudan a facilitar el paso del alma del mundo físico al mundo del más allá.

También recuerdan a todos y cada uno la importancia de vivir la vida al máximo. Son conocidos por sus estridentes celebraciones y su amor por la danza, la música y el sexo. Los Ghede Lwa son un recordatorio de que la vida es corta y que debe vivirse con alegría y pasión. En muchos sentidos, encarnan las contradicciones que se encuentran en el corazón de la religión vudú. Son a la vez serios e irreverentes, poderosos y juguetones, venerados y temidos.

Sobre los "veves"

Un "veve" es un diseño o dibujo simbólico que representa a un Lwa o espíritu específico. Estos intrincados diseños se crean utilizando diversos materiales, como harina de maíz, harina y ceniza, y suelen dibujarse en el suelo o en un trozo de tela o papel. La creación de un veve es una parte importante de la invocación de un Lwa en particular y de la invitación a su presencia en una ceremonia o ritual. La importancia de los veves reside en su capacidad para crear una conexión visual entre el practicante y el Lwa. Cada veve es único y tiene símbolos y patrones específicos que corresponden a los atributos y cualidades de un espíritu concreto. Por ejemplo, el veve para el Lwa Legba (asociado con la comunicación y el control de las puertas) suele incluir llaves o una encrucijada.

Cuando se crea un veve, se acompaña de oraciones, cánticos y ofrendas a los Lwa, todo lo cual sirve para amplificar la intención del practicante y concentrar su energía en un resultado específico. A través de este proceso, el veve se convierte en una poderosa herramienta para invocar al espíritu y abrir un canal de comunicación e intercambio. Sin embargo, es importante señalar que el uso de veves no es una práctica casual o frívola. En los últimos años, se ha producido un aumento del uso desconsiderado de las venas en la cultura popular, con personas que se las tatúan en el cuerpo sin una comprensión clara de su significado o de las tradiciones a las que están conectadas. Esta tendencia ha suscitado preocupación por la apropiación cultural y la mercantilización de las prácticas vudú.

El uso de los velos requiere respeto y comprensión de su significado cultural y espiritual. Los practicantes deben abordar la creación y el uso de los velos con una intención clara y una profunda reverencia por los Lwa que representan. Esto significa tomarse el tiempo necesario para conocer los significados y asociaciones específicos de cada veve y comprender los protocolos adecuados para invocar y trabajar con el espíritu asociado. Si no utiliza estos símbolos con respeto, los Lwa pueden optar por ignorarle permanentemente, o los espíritus más malhumorados pueden castigarle por insultarles con el uso descuidado de su símbolo. Por favor, comprenda que los velos no son simplemente diseños decorativos o símbolos para ser utilizados en beneficio propio. Son herramientas poderosas para la transformación espiritual y deben utilizarse con el máximo cuidado y respeto. Los velos solo deben ser creados y utilizados por aquellos que hayan recibido la formación e iniciación adecuadas en las tradiciones Vudú y tengan una profunda comprensión de las dimensiones espirituales de su trabajo.

Sus antepasados

En el vasto reino de las prácticas vudú y hudú, no se puede exagerar la importancia de los antepasados. Los venerados que han pasado antes que nosotros llevan consigo la sabiduría de las edades, el conocimiento de los misterios del universo y las experiencias acumuladas de sus vidas. Son los guardianes de nuestros linajes, los custodios de su herencia y los espíritus que pueden guiarle hacia su destino. Los antepasados son considerados la primera línea de defensa, el primer punto de contacto y el primer puente entre el mundo humano y el de los espíritus. Sirven de conducto para los Lwa y se cree que pueden comunicarse con los antepasados. Por ello, invocar la ayuda de los antepasados es un paso crucial en cualquier práctica vudú o hudú.

Estos espíritus son vitales porque pueden ofrecer guía, protección y curación. También pueden proporcionar alimento espiritual, bendiciones y abundancia. Se cree que pueden intervenir en la vida de sus descendientes, sobre todo en momentos de necesidad, crisis o peligro. Pueden ayudar a los practicantes a superar obstáculos, romper maldiciones y tener éxito en sus empeños.

Contactar con sus antepasados

Para contactar con sus antepasados, debe montar un altar de antepasados, que puede ser una disposición sencilla o elaborada de fotografías, velas, flores y ofrendas. A continuación, puede encender velas e incienso, ofrecer comida, bebida o tabaco y meditar o rezar frente al altar. El objetivo es crear un espacio sagrado donde los antepasados puedan sentirse bienvenidos y honrados y donde usted pueda comunicarse con ellos.

Como vuduista principiante, debe establecer una conexión con sus antepasados antes de intentar contactar directamente con los Lwa. Esto se debe a que los antepasados son considerados la puerta de entrada al mundo de los espíritus y pueden ayudarle a navegar por las complejidades de las prácticas vudú y hudú. Al establecer una relación con sus antepasados, podrá comprender mejor sus raíces, su linaje y su lugar en el mundo. Sus antepasados también pueden ser una fuente de inspiración, creatividad e intuición. Pueden guiarle hacia su propósito, vocación y destino.

Puede acceder a la sabiduría colectiva de sus antepasados a través de su comunidad, su cultura y sus tradiciones. Los antepasados pueden incluso ayudarle a desarrollar sus capacidades psíquicas, sus habilidades adivinatorias y otros dones espirituales. Sin embargo, es esencial acercarse a los antepasados con respeto, humildad y sinceridad. No deben tomarse a la ligera, pues son espíritus poderosos que exigen reverencia y gratitud. Los antepasados deben ser honrados, alimentados y recordados con regularidad, ya que son la base de nuestras vidas y los guardianes de nuestros espíritus.

Capítulo 4: El Rada Lwa

Este capítulo le enseña a conocer a los espíritus Rada, frescos y amables. Estos espíritus son aptos para principiantes, más que sus fogosos e impredecibles homólogos Petro.

Ezili Freda

Ezili Freda es una Lwa grácil y elegante, un espíritu divino del amor, la belleza, la feminidad y el lujo. A menudo se la representa como una hermosa mujer vestida de blanco, adornada con perlas y sosteniendo un abanico o un espejo. Su presencia es calmante y tranquilizadora, y su energía es nutritiva y poderosa. Su velo, un símbolo sagrado utilizado para invocar su presencia, está intrincadamente diseñado con un corazón central y plumas, flores y otros símbolos de belleza a su alrededor. El blanco y otros tonos pastel (como el rosa y el azul) se asocian a menudo con ella. También se la asocia con la fragancia del jazmín y otras flores de dulce aroma.

En el vudú haitiano, Ezili Freda se sincretiza con la santa católica Nuestra Señora de Lourdes; a menudo se recurre a ella para obtener curación y consuelo. Se la asocia con el concepto de amor puro e incondicional y se la venera por su capacidad de aportar armonía y equilibrio a las relaciones. A menudo se la empareja con la poderosa y viril Lwa, Damballa, y juntas representan la unión divina de la energía masculina y femenina. También se la asocia con otras Lwa amables y cariñosas como Agwe, LaSiren y Loco.

Ezili Freda está sincretizada con Nuestra Señora de Lourdes'

Las leyendas que rodean a Ezili Freda la describen a menudo como una mujer bella y vanidosa que disfruta del lujo y de las cosas buenas de la vida. Es conocida por su amor a las perlas y otras joyas preciosas, y a menudo se le hacen ofrendas de estos objetos. También se la conoce por su naturaleza gentil y su capacidad para calmar los corazones atribulados y aportar paz a las situaciones difíciles. Para honrar a Ezili Freda, los practicantes suelen ofrecerle regalos de champán, flores blancas y dulces. Se dice que si ella acepta una ofrenda, dejará una señal como la presencia de una mariposa, un aroma de perfume o un sentimiento de calma y amor.

Ezili Freda es honrada durante la temporada de Carnaval con el desfile *Krewe of Muses*, que la presenta como su patrona Lwa. Los indios del Mardi Gras también la honran con sus elaborados trajes de abalorios y plumas. Ezili Freda es una Lwa querida y poderosa que ofrece guía, amor y protección a quienes la buscan. Su energía es un recordatorio del poder del amor y la belleza de lo divino femenino.

Existen muchas historias reales de personas que han establecido una conexión profunda y significativa con Ezili Freda. Una de esas historias es la de Marie, una joven de Nueva Orleans. Marie siempre se había sentido atraída por las tradiciones espirituales de sus antepasados, pero no fue hasta que descubrió la práctica del vudú cuando encontró verdaderamente un sentimiento de pertenencia. Desde el momento en que vio por primera vez el velo de Ezili Freda, Marie supo que había encontrado su hogar espiritual.

Con el tiempo, Marie empezó a incorporar la veneración de Ezili Freda a su práctica diaria. Encendía velas y ofrecía flores y otros regalos al espíritu, siempre con un sentimiento de profunda reverencia y respeto.

Un día, Marie recibió una poderosa señal de que sus ofrendas habían sido aceptadas por Ezili Freda. Caminaba por la calle cuando vio una mariposa, con las alas del mismo tono rosa que las flores que había ofrecido al espíritu ese mismo día. Mientras la observaba, la mariposa se posó en su hombro y permaneció allí varios minutos antes de salir volando. A partir de ese momento, Marie supo que tenía una conexión especial con Ezili Freda. Continuó ofreciéndole regalos y venerando al espíritu. A cambio, sintió un amor y una protección que nunca había experimentado.

Agwe

Agwe, el soberano de los mares y océanos, es un Lwa majestuoso y poderoso venerado por muchos en las tradiciones vudú y hudú. A menudo se le representa como un hombre apuesto y musculoso con escamas verdes y cola de sirena, lo que refleja su asociación con el agua. Su velo es un intrincado símbolo de un barco con velas, rodeado de olas y peces, que representa su dominio sobre los mares. Otros símbolos asociados a él son las conchas marinas, el coral y los anzuelos.

Agwe es el soberano de los mares'

En la tradición sincrética del vudú haitiano, Agwe se asocia a menudo con el santo católico San Ulrico, que también se asocia con el mar. Este sincretismo pone de relieve el complejo entrelazamiento de tradiciones africanas y europeas que caracteriza a las tradiciones vudú y hudú. Las correspondencias de Agwe incluyen los colores azul y verde y las plantas y hierbas asociadas con el océano, como las algas y la sal marina. También se le asocia con el ron, una ofrenda popular para él. Comparte estrechos vínculos con La Sirène y Simbi Andezo.

Agwe es un espíritu feroz y protector, dispuesto a todo para proteger a sus devotos. Se le conoce por ser generoso y amable, pero también poderoso y peligroso cuando se le enfada. Las ofrendas a Agwe suelen adoptar la forma de comida, bebida y otros regalos que se dejan en la orilla o se arrojan al mar. Las señales de que ha recibido y aceptado las ofrendas pueden incluir aguas tranquilas, un viaje de pesca exitoso u otros signos de buena fortuna en el agua. A menudo se celebra y honra a Agwe de diversas maneras, incluso mediante rituales y ofrendas en la orilla u otras masas de agua. La Krewe of Proteus, una organización del Mardi Gras fundada en 1882, ha elegido a Agwe como su patrona oficial, lo que refleja la perdurable popularidad de esta poderosa y querida Lwa en las tradiciones culturales de la ciudad.

Legba

Legba, el guardián de la encrucijada, es uno de los Lwa más importantes y queridos del panteón vudú. Es un anciano sabio y travieso, a menudo representado con un bastón y un sombrero de paja, y es conocido por hablar con acertijos y mensajes crípticos. Su veta es un símbolo sencillo pero poderoso, que consiste en una encrucijada con un círculo en el centro. Sus colores son el rojo y el negro, y sus correspondencias incluyen el tabaco, el ron y el aceite de palma. Se le asocia con la hierba ruda y la planta hibisco y se le sincretiza con San Pedro en la tradición católica.

Una estatua de Legba, el guardián entre los mundos humano y espiritual[6]

Legba está estrechamente vinculado a otros Lwa, como Papa Ghede y el Barón Samedi, y se dice que es el guardián de la puerta entre los mundos humano y espiritual. También es conocido por eliminar obstáculos y proporcionar oportunidades, lo que le convierte en una elección popular para quienes buscan guía y suerte. A menudo representado como un embaucador, utiliza el ingenio y el humor para enseñar lecciones importantes y mantener a la gente alerta. Es protector de los niños y los ancianos y venerado por su sabiduría y su capacidad para verlo todo.

Para honrar a Legba, a menudo se le hacen ofrendas de ron, tabaco y comida en los cruces de caminos, y se dibuja su veta en harina de maíz o harina en polvo. Las señales de que ha aceptado una ofrenda pueden incluir una repentina ráfaga de viento, el sonido de pasos o la aparición de un perro callejero. Legba se celebra durante la fiesta anual del vudú, así como durante el Mardi Gras y otras festividades. Su presencia se puede sentir en toda la ciudad en la música, la comida y el espíritu de su gente. Legba es un amigo sabio y de confianza para aquellos que buscan su guía y protección.

Loco

Loco es una figura de tremenda fuerza y vitalidad, capaz de mover montañas y suscitar poderosas tormentas. A menudo se le representa como un hombre alto y musculoso con una presencia feroz e imponente, su rostro está adornado con intrincadas marcas tribales y sus ojos brillan con una luz feroz e inflexible. Sostiene en sus manos un bastón de oro puro, símbolo de su fuerza y dominio sobre los elementos. Uno de los símbolos más llamativos asociados a Loco es su veta, un diseño poderoso e intrincado que representa su presencia y su poder. La veta de Loco presenta una serie de círculos concéntricos, cada uno de los cuales contiene un símbolo o imagen diferente que representa algún aspecto de su esencia.

En las tradiciones sincréticas de Nueva Orleans, Loco se asocia a menudo con el San Antonio de Padua católico. Esta conexión refleja el papel de Loco como guía y protector de los oprimidos y marginados y su reputación como sanador milagroso y proveedor de sustento. En cuanto a las correspondencias, a Loco se le asocia a menudo con el color verde y con diversas hierbas y plantas como la menta, la albahaca y la verbena. Estas correspondencias reflejan su conexión con el mundo natural y su capacidad para canalizar sus energías para lograr sus objetivos.

Veve de Loco[7]

En cuanto a sus relaciones con otros Lwa, Loco suele ser representado como un poderoso aliado de Damballa, el espíritu serpiente de la creación, así como de otras figuras asociadas con el mundo natural, como Oya y Oshun. También se dice que protege ferozmente a sus seguidores y que no teme actuar contra quienes pretenden hacerles daño. A menudo se representa a Loco como un espíritu de gran poder y misterio, capaz de realizar hazañas milagrosas y de proporcionar guía y apoyo a quienes lo necesitan. También se dice que posee una vena ferozmente independiente y que no teme desafiar a la autoridad o las convenciones en pos de sus objetivos. Las ofrendas preferidas para Loco pueden incluir artículos como puros, ron y otros licores potentes, así como diversos alimentos como pollo, pescado y arroz. Las señales de que Loco ha recibido y aceptado las ofrendas de uno pueden incluir cambios repentinos en el clima o la aparición de diversos animales como serpientes, lagartos u otras criaturas asociadas con el mundo natural.

Este Lwa se celebra y honra durante varios festivales y observancias a lo largo del año, particularmente durante las celebraciones anuales del Mardi Gras. Durante estos acontecimientos, se hacen ofrendas a Loco para buscar su protección y guía, y se realizan diversos rituales y ceremonias para honrar su poder e influencia.

Damballa

Damballa, el espíritu serpiente, es un poderoso Lwa del vudú haitiano. A menudo se le representa como una serpiente blanca gigante enroscada alrededor de un bastón o como un arco iris. A Damballa se le asocia con la creación, la sabiduría y las fuerzas primigenias del universo. Su símbolo, la veve, es una representación estilizada de una serpiente. En el vudú haitiano, este Lwa se sincretiza a menudo con San Patricio, el santo patrón de Irlanda. Sus correspondencias incluyen el color blanco, la hierba albahaca y la planta hibisco. Damballa está estrechamente asociado con su consorte, Ayida-Weddo, la serpiente arco iris. Juntas, representan el equilibrio del universo entre las energías masculina y femenina. Damballa también está asociado con otros Lwa poderosos, como Papa Legba y el Barón Samedi.

Damballa, el espíritu serpiente"

La sabiduría popular relacionada con Damballa le describe como un espíritu sabio y benévolo dispuesto a guiar y proteger a sus devotos. Se sabe que es un poderoso sanador y a menudo se le invoca para curar enfermedades o para que guíe en asuntos de sabiduría y conocimiento. Los devotos suelen ofrecerle huevos, leche y ron blanco como ofrendas, que se depositan en su altar. Las señales de que ha recibido y aceptado una ofrenda incluyen la aparición de serpientes en la zona o el sonido de siseos. Damballa es celebrado y honrado durante varias ceremonias vudú a lo largo del año, entre ellas la Fiesta de San Juan y el Festival de los Muertos. Durante estas celebraciones se entregan ofrendas y se reza a Damballa, y su poderosa presencia es sentida por los asistentes.

Ayizan

Ayizan es una poderosa Lwa de la tradición vudú, conocida por su capacidad para conectar a las personas con el mundo divino y espiritual. A menudo se la representa como una mujer anciana vestida de blanco o azul y adornada con conchas de cauri y una escoba, que simbolizan su papel de guardiana del templo. Su veve, o símbolo sagrado, es una cruz con una línea horizontal en la parte superior, y suele dibujarse en blanco o azul en el suelo durante las ceremonias Vudú. Otros símbolos asociados a Ayizan son la escoba, las conchas de cauri y la acacia.

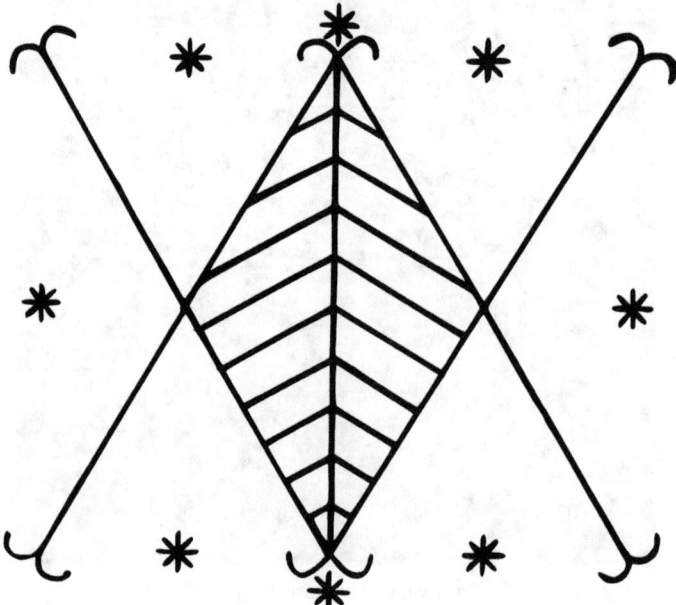

Veve de Ayizan[9]

El ayizan se sincretiza a veces con la santa católica Nuestra Señora del Monte Carmelo, a la que también se asocia con las escobas y la limpieza espiritual. Sus correspondencias incluyen los colores blanco y azul, así como hierbas como el romero, la albahaca y la lavanda. En el vudú, a menudo se la invoca para que abra la puerta entre el mundo físico y el espiritual, permitiendo la comunicación con lo divino. También se la asocia con la fertilidad, la curación y la protección y se dice que posee una personalidad amable y nutritiva.

Según la tradición, Ayizan fue la primera mambo o sacerdotisa de la tradición vudú. Enseñó a los demás a comunicarse con los Lwa y desempeñó un papel decisivo en la difusión de la práctica por todo Haití y más allá. Las ofrendas que se le hacen suelen incluir objetos como velas blancas, escobas y conchas de cauri, así como comida y bebida como harina de maíz, agua y ron. Las señales de que Ayizan ha recibido y aceptado una ofrenda pueden incluir el sonido de una escoba barriendo el suelo o una sensación de claridad y conexión espiritual. A menudo se celebra y honra a Ayizan como parte de la tradición vudú, sobre todo durante la fiesta anual del vudú que se celebra en octubre. También es venerada por muchos en la comunidad haitiana, que siguen practicando las antiguas tradiciones que ella ayudó a establecer hace tanto tiempo.

Capítulo 5: Los Gede Lwa

En este capítulo conocerá a los Gede Lwa más populares, empezando por el Barón Samedi.

Barón Samedi

El Barón Samedi, el Señor de los Muertos, es un Lwa complejo y polifacético en la tradición vudú haitiana. Su imagen es la de un hombre alto y delgado con los ojos hundidos y el rostro en forma de calavera. Lleva un sombrero de copa y un largo abrigo negro y a menudo se le ve portando un bastón. A pesar de su temible aspecto, es conocido por ser un espíritu jovial y encantador con un profundo sentido del humor y amor a la vida. El velo del Barón Samedi es un diseño sencillo que consiste en una cruz con dos pequeñas líneas verticales a cada lado. También se le asocia con la imagen de una calavera con huesos cruzados, que representa su papel como gobernante de los muertos. En el vudú haitiano, el Barón Samedi se sincretiza con San Martín de Porres, un hermano laico peruano conocido por sus poderes curativos y su devoción por los pobres y los enfermos.

Barón Samedi, el Lwa de la muerte[10]

El Barón Samedi está estrechamente asociado con la muerte, pero también con la fertilidad y el renacimiento. Sus colores son el negro y el púrpura, y sus correspondencias incluyen el tabaco, el ron y el café. A menudo se le invoca para ayudar en asuntos relacionados con el amor y la fertilidad, así como para protección y curación. En el vudú haitiano, el Barón Samedi es considerado el líder de los Gede, un grupo de Lwa asociados con la muerte y el más allá. Está casado con la poderosa Lwa Maman Brigitte y a menudo se le ve en compañía de otros espíritus Gede, como el Barón La Croix y el Barón Kriminel.

A pesar de su imagen macabra, el Barón Samedi es una figura querida y respetada en el vudú haitiano, conocido por su sabiduría, ingenio y capacidad para ayudar a los necesitados. Los devotos del Barón Samedi le ofrecen ofrendas de tabaco, ron y otros artículos asociados con la muerte y el más allá. Las señales de que ha aceptado una ofrenda pueden incluir la aparición de una mariposa negra o el olor a humo de tabaco. El Barón Samedi se celebra como parte del Festival anual del Vudú, que tiene lugar cada año en octubre. Los devotos del vudú le honran dejando ofrendas en su altar, bailando y cantando en su honor y participando en rituales y ceremonias diseñadas para honrar su poder e influencia.

Maman Brigitte

Maman Brigitte es una poderosa Lwa del panteón vudú con una voz como la melaza y una presencia como el trueno. A menudo se la representa como una mujer alta y llamativa, de pelo rojo fuego y penetrantes ojos verdes. Lleva un vestido largo y vaporoso y porta un machete o una botella de ron. Su veve es una cruz con un círculo en el centro, y sus símbolos asociados incluyen gallos negros, velas rojas y negras y pimientos picantes.

En el vudú haitiano, Maman Brigitte se sincretiza con la santa católica Brígida y a menudo se la invoca para pedir protección, justicia y curación. Se la asocia con la muerte, el más allá, la curación y la transformación. Sus colores son el negro y el morado, y sus hierbas correspondientes incluyen la albahaca, el laurel y el romero.

Se dice que Maman Brigitte tiene una estrecha relación con el Barón Samedi, el Lwa de la muerte, y a menudo se la ve como su esposa o hermana. También se la asocia con los Ghede, un grupo de Lwa que son los espíritus de los muertos. Es conocida por su naturaleza feroz y protectora y por su capacidad para ayudar a los que tienen problemas o se enfrentan a situaciones difíciles. También se dice que tiene un lado travieso y que disfruta gastando bromas a aquellos que no le muestran el debido respeto. Maman Brigitte es una feroz guerrera y protectora de las mujeres. También es conocida por su amor al ron y al tabaco, y se dice que las ofrendas de estos artículos la complacen.

Otras ofrendas que se dice que la complacen incluyen gallos negros, pimientos picantes y velas rojas y negras. Maman Brigitte se celebra en el vudú haitiano durante el Festival de los Muertos, que tiene lugar en noviembre. Se la honra durante las celebraciones del Mardi Gras inspiradas en el vudú y las festividades del Día de los Muertos. A menudo se la invoca para pedirle protección y curación, así como guía y fuerza en tiempos difíciles. Su presencia se siente en la energía ardiente de Nueva Orleans y a menudo se la invoca por su energía poderosa y protectora.

Barón La Croix

El Barón La Croix es uno de los Lwa menos conocidos del panteón vudú, pero no por ello es menos poderoso o venerado. A menudo se le representa como un hombre de semblante feroz vestido de blanco y negro y portando un bastón. Su velo es un complejo patrón de líneas y formas que se entrecruzan y que a menudo incorpora los colores negro, blanco y rojo. Este Barón no está sincretizado con ningún santo católico, pero tiene correspondencias con varios colores, hierbas y plantas. Se le asocia con el negro, que representa la muerte y el inframundo. Algunas de las hierbas y plantas asociadas a él son el marrubio, la ruda y el tabaco.

El Barón de La Croix tiene una relación única con los demás Lwa. A menudo se le considera una figura solitaria, que rara vez interactúa con otros espíritus. Sin embargo, a veces se le invoca con otros Lwa, especialmente los asociados con la muerte y el inframundo, como el Barón Samedi y Maman Brigitte. No hay mucha tradición en torno al Barón La Croix, pero quienes han trabajado con él lo describen como una fuerza poderosa y misteriosa. Se dice que es un maestro de la transformación y que puede ayudar a aquellos que buscan cambiar sus vidas de forma significativa.

Las ofrendas preferidas para el Barón La Croix incluyen ron, puros y velas negras. Las señales de que ha recibido y aceptado una ofrenda pueden incluir coincidencias misteriosas, sueños vívidos o una sensación de cierre o culminación. No es muy celebrado ni honrado, pero algunos practicantes del vudú pueden incluirlo en sus prácticas espirituales personales. Se le considera una fuerza potente y enigmática a la que hay que acercarse con precaución y respeto.

Barón Cimetière

En el vudú haitiano, el Barón Cimetière se representa a menudo como una figura esquelética que lleva un sombrero de copa y porta un bastón o una pala. Se le asocia con la muerte, los cementerios y los espíritus de los muertos. También se le considera el guardián del cementerio y el portero entre los vivos y los muertos. Su veleta representa una calavera con huesos cruzados; sus colores son el negro y el morado. Sus ofrendas incluyen ron, puros y café negro, y sus hierbas sagradas son la ruda, la albahaca y la lavanda. Si se parece al barón Samedi, es porque es otro aspecto de ese Gede Lwa.

El Barón Cimetière mantiene fuertes relaciones con otros espíritus de la muerte y de los muertos, como Papa Ghede y Maman Brigitte. También se le asocia con el santo católico San Expedito y se sincretiza con él en algunas tradiciones. En cuanto a la tradición, se dice que el Barón es temido y respetado por aquellos que trabajan con él. Se le conoce por su forma de hablar franca y directa y por su habilidad para atravesar las pretensiones y revelar la verdad. También se cree que es capaz de impartir sabiduría y guía a aquellos que buscan su consejo. El Barón Cimetière es honrado durante el Festival de los Muertos en Haití, que tiene lugar en noviembre. En el vudú de Nueva Orleans también se le celebra durante esta época y durante las festividades anuales del Día de los Muertos a principios de noviembre. En estos eventos, se suelen hacer ofrendas de ron, cigarros y café negro para honrarle, y a menudo se dibuja su veta en el suelo o en un altar ceremonial.

Gede Nibo

Gede Nibo, la Lwa de la muerte y la fertilidad en la tradición vudú. Gede Nibo es un espíritu poderoso y travieso con un ingenio agudo y una inclinación por el humor socarrón. En la tradición vudú, Nibo se representa a menudo como una figura esquelética adornada con un sombrero de copa, un abrigo negro, un bastón y ron blanco medicinal. También es afeminado y con frecuencia fuma un puro. Su veve, o símbolo sagrado, es una serie de triángulos interconectados que representan la encrucijada entre la vida y la muerte. Otros símbolos asociados a este Lwa son los ataúdes, los huesos y los colores negro y morado.

En el vudú haitiano, Gede Nibo se sincretiza a menudo con San Gerardo Majella, un santo cristiano conocido por aportar soluciones rápidas a los problemas. En el vudú de Nueva Orleans, Gede Nibo se sincretiza a menudo con San Martín de Porres, un santo católico conocido por su trabajo con los pobres y los enfermos. Sus correspondencias incluyen el negro y el púrpura y las hierbas albahaca, ajenjo y salvia. A menudo se le asocia con cementerios y encrucijadas y se dice que tiene el poder de traer la fertilidad a quienes le honran.

En el panteón vudú, Gede Nibo está estrechamente relacionado con los otros Lwa de la muerte y el más allá, incluidos el Barón Samedi y Maman Brigitte. También es conocido por su estrecha relación con Papa Legba (el Loa), el guardián de la puerta entre el mundo de los mortales y el de los espíritus. Gede Nibo es travieso, pero también profundamente poderoso y sabio. Se dice que es capaz de ver a través del velo entre la vida y la muerte y utiliza sus conocimientos para ayudar a aquellos que buscan su guía.

La leyenda cuenta que una joven sufrió una grave enfermedad. Su familia pidió ayuda a Gede Nibo, que se les apareció como un esqueleto que portaba un bastón y un sombrero de copa. Dio instrucciones a la familia para que prepararan una ofrenda especial de café negro y ron y la colocaran en la encrucijada. La familia hizo lo que se les dijo, y él aceptó su ofrenda y curó a la joven, devolviéndole la plena salud.

Gede Nibo también es conocido por su amor a la música y la danza y a menudo se le invoca durante celebraciones y festivales. Una danza tradicional que se asocia a este espíritu es la danza Banda, que consiste en un grupo de bailarines moviéndose en círculo mientras tocan tambores y otros instrumentos de percusión. En el vudú haitiano, Gede Nibo se asocia a menudo con la práctica de la veneración de los antepasados y se dice que tiene el poder de comunicarse con los espíritus de los muertos. Los devotos pueden invocar a Gede Nibo para que les ayude a conectar con sus antepasados y buscar su guía y sabiduría.

Las ofrendas preferidas para Gede Nibo incluyen café negro, ron y cigarros. Las señales de que ha recibido y aceptado una ofrenda pueden incluir la aparición repentina de un esqueleto o un perro negro o una sensación de ligereza y alegría. Gede Nibo se celebra y honra en Nueva Orleans durante el festival anual de vudú, Fet Gede, a finales de octubre o principios de noviembre. Durante este festival, los devotos ofrecen regalos y realizan rituales para honrar a Gede Nibo y a los demás Lwa de la muerte y del más allá.

Gede Linto

Se trata de un Lwa muy conocido por hacer que se produzcan milagros. Como el resto de los Gede Lwa, tiene que ver con la muerte y la fertilidad. La muerte no es algo malo cuando se trata de esta familia de Lwa, ya que es simplemente una puerta a más vida y parte del proceso de vivir. Se le suele representar como un hombre moreno, de un metro y medio de estatura, bastón en mano, con gafas y un sombrero negro antiguo. Se dice que es un Gede Lwa muy exigente con los modales y bastante gentil. Algunos dicen que es un niño pequeño y dulce conocido por su naturaleza juguetona y traviesa y su amor por los dulces y los juguetes.

Gede Linto, cuando se le representa de joven, aparece con el pelo rizado y una sonrisa juguetona. Su veve, un símbolo utilizado en los rituales vudú para invocar la presencia de un Lwa, presenta un corazón, una cruz y una piruleta. No está sincretizado con ningún santo en particular; aun así, se le considera parte de la familia Gede de Lwa, asociada con la muerte y el mundo de los espíritus. Se dice que está asociado con el color rosa y las hierbas menta y canela. Se sabe que tiene una especial predilección por los caramelos y dulces, que a menudo se le ofrecen durante las ceremonias vudú. La veta de Linto es como la de Lantor, con una cruz con dos círculos a ambos lados y un corazón debajo.

Guede Masaka y Guede Oussou

Guede Masaka se asocia con el color negro. Su vena incluye a menudo una calavera, huesos cruzados y un corazón. Es conocido por su capacidad para eliminar obstáculos y proporcionar protección. Guede Oussou se asocia con el color púrpura, y su veve incluye a menudo una calavera y huesos cruzados con una serpiente. Es conocido por su asociación con el arco iris y a menudo se le invoca por su capacidad para atraer la buena suerte y la prosperidad. También se le conoce por su carácter irreverente y travieso y a menudo se le representa como aficionado al alcohol y al tabaco.

A Guede Masaka y Guede Oussou se les suele llamar "sepultureros" en el vudú haitiano. Esto se debe a que se cree que tienen el poder de enterrar y exhumar cadáveres. En el vudú haitiano, trabajar con los muertos se considera una habilidad sagrada y poderosa, y ambos Guede son venerados por su habilidad para navegar por los reinos de los muertos. Se les considera poderosos protectores y curanderos y se recurre a ellos por su capacidad para eliminar obstáculos y proporcionar guía y apoyo espiritual.

Guede Masaka y Guede Oussou se celebran en el vudú haitiano durante las celebraciones anuales del Día de los Muertos, los días 1 y 2 de noviembre. Durante estas celebraciones, se hacen ofrendas de comida, bebida y tabaco a los Guede, y se les honra y recuerda como Lwa poderosos y benévolos.

Gede Lantor

Este Lwa es todo amor y curación para sus devotos. Lo interesante de él es que se le representa como una mujer con el pelo largo y suelto. Sus correspondencias incluyen el rayo y el trueno, y es conocido por ayudar a cualquiera que tenga problemas con asuntos del corazón o la sexualidad. La veta de Lantor se parece a la de Linto.

Capítulo 6: Los Petro Lwa

Este capítulo tratará sobre algunos de los Petro Lwa más comunes, ¡para que sepa todo lo que hay que saber sobre ellos! Conocer a los Lwa le ayudará a interactuar con ellos, hacer ofrendas y mucho más. Es más fácil sentir su presencia en su vida cuando sabe con quién está tratando.

Simbi Andezo

Simbi Andezo es un espíritu del agua en el vudú haitiano y en el vudú de Nueva Orleans. Se le asocia con la familia Simbi de Lwa; a menudo se le representa como una serpiente, aunque también puede aparecer como una serpiente de agua o un pez. Es conocido por su capacidad para otorgar conocimientos, en particular de los secretos del mundo natural, y por sus poderes curativos.

Su veve, o símbolo sagrado, suele incluir una figura parecida a una serpiente o un pez con una luna creciente y otros símbolos diversos que representan el agua y el conocimiento. En el vudú haitiano, Simbi Andezo suele sincretizarse con San Patricio, mientras que en el vudú de Nueva Orleans puede asociarse con Santiago el Mayor o Santo Domingo. Sus correspondencias incluyen el azul y el verde y las hierbas asociadas al agua como la albahaca, la menta y el laurel.

Simbi Andezo mantiene una estrecha relación con otros miembros de la familia Simbi de Lwa y otros espíritus del agua, como Agwe y La Sirene. En la tradición popular se le describe a menudo como sabio, conocedor, travieso e imprevisible. Le gustan las ofrendas de ron, tabaco y pescado y también puede apreciar los regalos de conocimiento, como libros u otros materiales educativos. En el vudú haitiano, Simbi Andezo se celebra el 24 de junio, festividad de San Juan Bautista, también asociado con el agua. En el vudú de Nueva Orleans, se le puede honrar el 29 de junio, festividad de San Pedro, también asociado con el agua. En el Hoodoo, se le puede invocar por sus conocimientos y poderes curativos a través de hechizos y encantamientos.

Gran Bwa

Gran Bwa, la poderosa Lwa del bosque, es una fuerza a tener en cuenta en el vudú haitiano, el vudú de Nueva Orleans y el hudú. Este antiguo espíritu tiene profundas raíces y su influencia se deja sentir a lo largo y ancho. En apariencia, el Gran Bwa es representado a menudo como una figura imponente con una presencia feroz y formidable. Se dice que lleva un sombrero hecho de hojas y está envuelto en follaje, lo que simboliza su profunda conexión con el mundo natural. Su rostro se talla a menudo en tótems y esculturas, y su imagen se utiliza en velos y otros símbolos sagrados asociados a su culto.

En cuanto a los símbolos, el veve de Gran Bwa es una poderosa imagen que representa su esencia y su energía. Es un patrón arremolinado e intrincado de líneas y curvas que, según se dice, encarna el espíritu del bosque y el poder de la naturaleza. Sus otros símbolos asociados incluyen árboles, hojas y otras diversas especies de flora y fauna que se encuentran en la naturaleza. Aunque el Gran Bwa no está sincretizado con ningún santo en particular, a menudo se le asocia con San Sebastián, un mártir cristiano conocido por su profunda devoción y su fe inquebrantable. Se dice que el Gran Bwa comparte muchas de estas cualidades y es un protector de los fieles.

Las correspondencias de Gran Bwa incluyen los colores verde y marrón, que se asocian con el mundo natural y el bosque. Sus hierbas y plantas preferidas incluyen la albahaca, el pachulí y el cedro, que tienen fuertes propiedades protectoras y purificadoras. Sus asociaciones con el bosque hacen que también esté estrechamente vinculado a los animales que lo habitan, como la serpiente, el búho y el oso. En cuanto a sus relaciones con otros Lwa, el Gran Bwa es conocido por ser una figura solitaria y a menudo se le considera un guardián o protector de los demás espíritus. Su naturaleza feroz y protectora hace que los otros Lwa le respeten profundamente, y a menudo se recurre a sus poderes en momentos de peligro o lucha.

La sabiduría popular relacionada con el Gran Bwa lo describe como una fuerza poderosa y a veces impredecible que debe ser tratada con gran respeto y reverencia. Se dice que es sabio y conocedor pero también capaz de una gran ira y retribución si se cruzan sus límites o se violan sus espacios sagrados. Sin embargo, a pesar de su temible reputación, también se sabe que es un protector amable y cariñoso, especialmente con los niños y las personas vulnerables. Las ofrendas al Gran Bwa suelen incluir ofrendas de comida, bebida, hierbas sagradas y plantas. Le gusta especialmente el ron, y se dice que las ofrendas de este potente licor son especialmente placenteras. Las señales de que ha recibido y aceptado una ofrenda pueden incluir una repentina ráfaga de viento, el susurro de las hojas o la aparición de un animal o pájaro asociado con el bosque.

En el vudú haitiano, el vudú de Nueva Orleans y el hudú, el Gran Bwa se celebra y honra de diversas maneras. Se hacen ofrendas en altares dedicados a él y se dibuja su veta en el suelo para invocar su poder y presencia. También se celebran ceremonias especiales en su honor, sobre todo durante la fiesta de San Sebastián, asociada a su culto.

Ti Jean Petro

Ti Jean Petro es un poderoso Lwa del vudú haitiano, conocido por su naturaleza embaucadora, su energía feroz y su conexión con el fuego. Como muchos Lwas, su aspecto y personalidad pueden variar según el contexto y la relación del adorador con él. En algunas representaciones, se dice que es un hombre bajo y musculoso con una melena salvaje, que a menudo lleva un pañuelo o bufanda roja alrededor de la cabeza. A veces se le muestra portando un machete, símbolo de su espíritu guerrero, y también se le puede representar con una serpiente o un gallo negro, ambos asociados a su energía y poder. El veteado de Ti-Jean Petro es un diseño complejo y ornamentado, con círculos entrelazados y una imagen central de una figura humana con los brazos extendidos. Otros símbolos asociados son el sol, un gallo y los colores rojo y negro, que representan su naturaleza ardiente y apasionada. A menudo se le sincretiza con Santiago el Mayor, un santo cristiano asociado con la guerra y la batalla. Esta conexión destaca su energía feroz y protectora y su capacidad para proporcionar fuerza y valor a sus seguidores.

En cuanto a la correspondencia, Ti Jean Petro se asocia con el color rojo y con plantas y hierbas como el pimiento picante, el jengibre y el tabaco. Se dice que su energía está conectada con el fuego y el calor, y a menudo se le invoca para que proporcione protección, fuerza y poder en situaciones difíciles. Este espíritu está estrechamente relacionado con otros Lwas del panteón vudú, en particular los asociados a la tradición Petro, que hacen hincapié en la energía ardiente y agresiva. A menudo se le asocia con otros Lwas poderosos e intensos, como Ezili Dantor, Papa Legba y el Barón Samedi, con los que comparte una conexión con la muerte y el inframundo.

La tradición que rodea a Ti Jean Petro a menudo hace hincapié en su naturaleza embaucadora y su capacidad para burlar y manipular a los demás. Se dice que disfruta gastando bromas y trucos, pero que también tiene un lado profundamente compasivo y protector, en particular hacia las personas vulnerables u oprimidas. Las ofrendas a este espíritu pueden incluir velas rojas, alimentos picantes y alcohol, así como objetos como cuchillos, machetes u otras herramientas asociadas a su energía guerrera. Los signos de que ha aceptado una ofrenda pueden incluir una sensación de calor o energía intensa y el avistamiento de gallos u otros símbolos asociados a su energía. Ti Jean Petro es celebrado y honrado de diversas formas en toda la tradición vudú, en particular en la tradición Petro. Su fiesta es el 25 de julio, y suele estar marcada por banquetes, bailes y otras celebraciones en su honor. En el vudú y el hudú de Nueva Orleans, a Ti Jean Petro se le llama a veces "Papa Jean". A menudo se le asocia con el color rojo y con una energía ardiente y protectora. Se le puede invocar en hechizos y rituales relacionados con el valor, la fuerza y la superación de obstáculos.

Carrefour

Carrefour es un Lwa poderoso y enigmático en las tradiciones vudú haitiana, vudú de Nueva Orleans y hudú. Se le asocia con las encrucijadas, las transiciones y el cambio y a menudo se le invoca para que traiga suerte, protección y guía. Representado como un hombre alto y delgado de piel oscura, vestido con ropas harapientas y portando un bastón, Carrefour aparece a veces con una calavera en su sombrero o collar, simbolizando la muerte y el cruce entre mundos. Su veve, o símbolo ritual, es un complejo patrón de triángulos y círculos entrelazados, que representa las intersecciones de los caminos y el poder del cambio.

En el vudú haitiano, Carrefour se sincretiza a menudo con San Pedro, el apóstol cristiano y guardián de las llaves del cielo. Esta conexión refleja su papel como guardián de puertas y umbrales, tanto físicos como espirituales. En el vudú de Nueva Orleans, a veces se le asocia con Papa Legba, otro Lwa relacionado con las encrucijadas y el guardián de las puertas. Sus correspondencias incluyen el negro y el rojo, que representan la muerte y la vida, respectivamente. Sus plantas asociadas incluyen el marrubio, el tabaco y el ciprés; sus ofrendas pueden incluir ron, puros y pollo. También se sabe que le gustan los pimientos picantes y las comidas especiadas, que representan su naturaleza fogosa.

En el vudú haitiano, Carrefour suele considerarse un Lwa poderoso y temido, asociado con el peligro y el caos. Se le conoce por ser un embaucador y un maestro de la ilusión y se dice que puede conceder tanto bendiciones como maldiciones. Sin embargo, a pesar de esta reputación, se le venera por su capacidad para provocar cambios y transformaciones y a veces se le pide ayuda en asuntos legales o financieros. En el vudú y el hudú de Nueva Orleans, a Carrefour se le conoce a veces como Papa La Bas y se le asocia con la histórica Plaza del Congo de la ciudad, lugar de reunión de los africanos esclavizados y sus descendientes. En estas tradiciones, a menudo se le invoca para que proteja a la comunidad y proporcione orientación en tiempos de cambio y agitación.

Para honrar a Carrefour y trabajar con él, los practicantes pueden crear un espacio sagrado con su veta y ofrecerle ofrendas apropiadas, como ron, tabaco o alimentos picantes. Las señales de que ha recibido y aceptado una ofrenda pueden incluir la aparición de pájaros negros o rojos o el olor a humo de cigarro. El Carrefour se celebra y honra de diversas formas a lo largo del año, entre ellas el 6 de enero, festividad de San Pedro, y durante los festivales haitianos de vudú de Fet Gede y Fet Nago. En las tradiciones vudú y hudú de Nueva Orleans, se le puede honrar durante el Mardi Gras y otras celebraciones que enfatizan el cruce de fronteras y la transformación del yo.

Ezili Gé Rouge

Ezili Gé Rouge, la "Dama de los ojos rojos", es una poderosa y compleja Lwa en el vudú haitiano. A menudo se la asocia con el amor, la belleza, la pasión y la sensualidad, pero también con la guerra, el fuego y la destrucción. En su representación visual, esta Lwa suele representarse como una hermosa mujer de penetrantes ojos rojos vestida con ropas rojas y negras. Puede llevar una corona de espinas o una serpiente enroscada en el cuello. Su veve, o símbolo sagrado, muestra un corazón atravesado por una flecha y rodeado de llamas. Aunque no está sincretizada con ninguna santa católica, algunos practicantes pueden asociarla con Santa Bárbara o Santa Catalina.

Las correspondencias de Ezili Gé Rouge incluyen los colores rojo y negro, las hierbas verbena y sangre de dragón, y las flores hibisco y rosas rojas. Se la asocia con el fuego, el rayo y el elemento aire. Se la puede invocar junto a otros espíritus Ezili como Ezili Dantor y Ezili Freda. También se dice que tiene conexiones con los Lwa Ogou y los Agwe. La tradición que rodea a Ezili Gé Rouge la describe a menudo como una figura poderosa y apasionada, rápida para la ira, pero también ferozmente protectora de sus devotos. Se la considera una fuerza a tener en cuenta, capaz de un gran amor y destrucción.

Las ofrendas a esta Lwa pueden incluir vino tinto, velas rojas, alimentos picantes y perfume. Los devotos también pueden ofrecerle sangre, lo que no se recomienda a los practicantes inexpertos. Las señales de que ha recibido y aceptado una ofrenda pueden incluir fuertes vientos, llamas repentinas o el aroma de rosas ardiendo. Ezili Gé Rouge es honrada en el vudú haitiano a través de ceremonias privadas y públicas, a menudo celebradas los viernes. Aunque las prácticas pueden diferir, también se la celebra en las tradiciones vudú y hudú de Nueva Orleans. Sus devotos pueden bailar, cantar y realizar ofrendas en su honor, buscando su protección, guía y bendiciones en asuntos de amor, relaciones y pasión.

Ezili Dantor

Ezili Dantor, la diosa vudú haitiana del amor, la maternidad y la protección, es una figura poderosa y venerada en el panteón de los Lwa. Su imagen es la de una madre feroz y protectora, a menudo representada con un niño en brazos, un machete en una mano y una antorcha ardiente en la otra. Es conocida por ser a la vez nutricia y ferozmente protectora, ferozmente leal a sus hijos y sin miedo a defenderlos de cualquier amenaza. Su velo es una representación de un corazón atravesado por una espada, rodeado por las letras de su nombre. Está sincretizada con la figura católica de la Virgen Negra, y sus colores son típicamente el rojo y el azul. Sus correspondencias incluyen las hierbas albahaca, ruda, verbena, y las plantas rosa e hibisco. Se la asocia con el número 9; sus alimentos favoritos son el cerdo, la berenjena y el pan.

Se sabe que Ezili Dantor mantiene estrechas relaciones con otros Lwa, entre ellos Ogou, el dios de la guerra, y Erzili Freda, la diosa del amor y la belleza. A menudo se la considera protectora de las mujeres y los niños y también se la asocia con el lesbianismo y las relaciones entre personas del mismo sexo. Según la tradición, es una figura materna feroz y protectora que hará todo lo posible por defender a sus hijos. Una historia cuenta que utilizó su machete para cortarse la cabeza y ofrecérsela al espíritu de su hija, que había sido capturada y esclavizada por los propietarios de plantaciones blancas.

Las ofrendas preferidas a Ezili Dantor incluyen velas rojas y azules, flores y aceites de olor dulce. Los signos de que ella ha recibido y aceptado una ofrenda pueden incluir el olor a perfume dulce o flores y una sensación de calidez o confort. Ezili Dantor es celebrada y honrada en el vudú haitiano, el vudú de Nueva Orleans y el hudú. En el vudú haitiano, se la asocia a menudo con los ritos Petwo, conocidos por su energía intensa y ardiente. Su fiesta se celebra el 30 de mayo y se hacen ofrendas en sus altares con la esperanza de obtener su protección y bendiciones.

En el vudú y el hudú de Nueva Orleans se la asocia a menudo con la figura de Marie Laveau, la famosa reina del vudú de la que se decía que adoraba a Ezili Dantor. Su imagen puede encontrarse en muchas tiendas vudú y hudú, y se le hacen ofrendas con la esperanza de obtener su ayuda en cuestiones de amor, protección y fertilidad. En todas sus encarnaciones, Ezili Dantor es una figura poderosa y venerada, conocida por su amor feroz y su protección inquebrantable. Es un símbolo de fuerza y resistencia y un recordatorio de que, incluso ante una gran adversidad, podemos encontrar el valor y la fortaleza para vencer.

Agwe La Flambeau

Agwe La Flambeau es un Lwa poderoso y respetado en las tradiciones vudú haitiana, vudú de Nueva Orleans y hudú. Es el espíritu del mar y se le asocia con el agua, el océano y toda la vida acuática. A menudo se representa a este Lwa como un hombre fuerte y musculoso con la piel tan oscura como las profundidades del océano. Lleva un largo abrigo azul y un gorro de capitán, símbolo de su mando sobre la vasta extensión del mar. Su veta es un símbolo complejo que incorpora una variedad de vida marina, incluyendo peces, conchas marinas y olas. A menudo se dibuja con polvo blanco o azul y se utiliza en ceremonias para invocar su energía y poder. Otros símbolos asociados a Agwe son los barcos, las anclas y los tridentes.

En algunas tradiciones sincréticas, Agwe se asocia con San Ulrico, venerado en algunas zonas de Haití como patrón de los marinos. Sin embargo, en otras tradiciones no se le sincretiza con ningún santo en particular. Se le asocia con el color azul, que representa el océano y las profundidades marinas. Entre sus plantas sagradas se encuentran las algas, la uva de mar y la lavanda de mar. Las ofrendas que se le hacen suelen incluir marisco, como pescado, cangrejo o langosta, así como velas y flores azules.

Agwe está estrechamente asociado con otros espíritus del agua como La Sirène y Simbi. También se cree que colabora estrechamente con los Gede, los espíritus de los muertos, en las ceremonias que tienen lugar en el agua. Todos los relatos sobre este Lwa lo describen como un espíritu poderoso y benévolo que protege ferozmente a quienes le invocan. Es conocido por calmar incluso los mares más agitados y proporcionar un paso seguro a quienes viajan por el agua. En algunas historias, Agwe también se asocia con la riqueza y la prosperidad, ya que se cree que controla los vastos recursos del océano. Las señales de que ha aceptado una ofrenda pueden incluir un aumento de la fuerza de las corrientes oceánicas o la aparición de delfines u otra vida marina cerca de un barco. Las ofrendas también pueden estar marcadas por la aparición de una llama azul, que se cree que es una señal de su presencia.

Agwe se celebra y honra en diversas ceremonias y rituales del vudú haitiano, el vudú de Nueva Orleans y el hudú. En algunas tradiciones se le honra en la festividad de San Ulrich, mientras que en otras tiene sus propias ceremonias dedicadas. Muchas ceremonias dedicadas a este espíritu tienen lugar en el agua, con ofrendas que se le hacen a la orilla del mar o en barcos enviados a mar abierto. Estas ceremonias suelen incluir música, danza y tambores para invocar el poder de Agwe y honrar su papel como espíritu del mar.

Ogun Petro

Ogun Petro es un Lwa poderoso y dinámico en el vudú haitiano, con una personalidad ardiente y una fuerte presencia que impone respeto. Se le asocia con el fuego, el hierro y el trabajo del metal y a menudo se le representa como un herrero, blandiendo su martillo y su yunque con fuerza y destreza. En su forma humana, este Lwa suele describirse como alto y musculoso, de piel oscura y ojos penetrantes que parecen brillar con la intensidad de las llamas que comanda. Lleva un sombrero rojo o negro y un pañuelo rojo o blanco alrededor del cuello, a veces adornado con un collar de hierro u otros metales. El veve de Ogun Petro es un símbolo complejo y poderoso, que a menudo presenta una imagen central de un martillo y un yunque, rodeado de símbolos ardientes y otros motivos asociados con el trabajo del metal y la forja. Se dice que su veta tiene el poder de abrir puertas e invocar su espíritu, por lo que es tratada con gran reverencia y respeto por los practicantes del vudú haitiano.

Ogun Petro se sincretiza con el santo católico Santiago el Mayor, al que a menudo se representa como un guerrero o un peregrino, blandiendo una espada y llevando un sombrero adornado con conchas de vieira. Esta asociación con Santiago refleja la reputación de Lwa como un poderoso y feroz protector de sus seguidores, que no se detendrá ante nada para defenderlos del daño y la injusticia. En cuanto a sus correspondencias, Ogun Petro está asociado con el color rojo y el hierro, el acero y otros metales. También se le asocia con hierbas y plantas como la albahaca, la ruda y el tabaco, que a menudo se utilizan en ofrendas y rituales dedicados a él.

Ogun es conocido por sus estrechas relaciones con otros Lwa poderosos, como Ezili Dantor, el Barón Samedi y Papa Legba. Está especialmente unido al Lwa de fuego conocido como Met Kalfou, con el que comparte un poderoso vínculo basado en su asociación compartida con el fuego y la forja. Este Lwa de hierro es representado a menudo como un guerrero feroz e inquebrantable, dispuesto a enfrentarse a cualquier desafío o enemigo para proteger a su pueblo. A menudo se le asocia con actos de valentía y heroísmo y se le considera un símbolo de fuerza, determinación y coraje ante la adversidad.

Las ofrendas preferidas a Ogun Petro incluyen ofrendas de carne, ron y otros licores fuertes, así como objetos metálicos como cuchillos, herramientas o incluso piezas de automóviles. Las señales de que ha recibido y aceptado las ofrendas pueden incluir el parpadeo de las llamas o el sonido de metal repiqueteando en la distancia. A menudo se honra a Ogun Petro con ceremonias ardientes que implican hogueras, chispas y el golpeteo del metal. Estas celebraciones pueden tener lugar en épocas concretas del año, como la fiesta de Santiago Apóstol en julio, o pueden celebrarse en honor de acontecimientos u ocasiones específicas. En el vudú y el hudú de Nueva Orleans, el Ogun Petro se asocia a menudo con el poderoso ritual de "cortar y limpiar", que consiste en utilizar herramientas de metal para despejar la energía negativa y los obstáculos de la propia vida.

Capítulo 7: Altares vudú y hudú

¿Necesita un santuario o un altar?

En la práctica del vudú y el hudú, un altar o santuario puede ser una poderosa herramienta utilizada para conectar con el mundo espiritual. Sirve como punto focal para su devoción, proporciona un espacio para sus ofrendas y es un lugar dedicado para sus oraciones. Pero la pregunta sigue en pie. ¿Es necesario un altar o un santuario?

Un santuario vudú[11]

La respuesta a esta pregunta es tanto sí como no. En última instancia, depende de sus creencias y prácticas personales. Para algunos, un altar es una parte esencial de su práctica espiritual. Para otros, no es necesario. Suponga que encuentra consuelo y conexión en disponer de un espacio físico para su práctica espiritual. En ese caso, un altar puede ser una herramienta poderosa. Puede utilizar su altar para honrar a sus antepasados, deidades o santos. También puede utilizarlo para crear un espacio para sus oraciones, para dar las gracias o para buscar orientación.

El acto de montar un altar puede ser un proceso meditativo e intencionado. Puede elegir elementos que tengan un significado personal para usted, como velas, cristales, estatuas o imágenes. También puede utilizar elementos tradicionalmente asociados con el vudú y el hudú, como tierra de cementerio, polvo de ladrillo rojo o bolsas de mojo. Su altar puede ser tan sencillo o elaborado como desee. Puede ser un pequeño rincón de su habitación o una habitación entera dedicada a su práctica. La clave es crear un espacio que se sienta sagrado para usted, un espacio que le permita conectar con el mundo espiritual de una forma significativa.

Pero, ¿y si es usted alguien que no siente la necesidad de un altar o santuario o que, por alguna razón, no puede montar uno? ¿Sigue siendo posible conectar con el mundo espiritual sin uno? La respuesta es sí. No necesita un espacio físico para conectar con el mundo espiritual. Puede conectar con lo divino a través de sus pensamientos, acciones e intenciones. Puede ofrecer oraciones y agradecimientos esté donde esté, tanto si se encuentra en una ciudad abarrotada de gente como en un bosque tranquilo. No se desanime si no dispone de espacio o recursos para crear un altar. Hay muchas formas de conectar con el mundo espiritual sin necesidad de uno. Puede crear un altar virtual utilizando imágenes y símbolos que resuenen con usted. También puede simplemente tomarse un momento cada día para reflexionar sobre su espiritualidad, dar las gracias o pedir que le guíen.

En última instancia, tener o no un altar o santuario es una decisión personal. Es importante honrar sus creencias y prácticas y crear una práctica espiritual que se sienta auténtica. Tanto si crea un espacio físico para su práctica como si conecta con el mundo espiritual de otras formas, sepa que sus intenciones y su devoción importan de verdad. En el vudú y el hudú, el aspecto más importante de su práctica es su conexión con el mundo espiritual. Tanto si decide tener un altar como si no, la clave está en abordar su práctica con reverencia y respeto. El mundo espiritual es un lugar poderoso y sagrado, y depende de usted crear una práctica que honre su complejidad y belleza.

Si decide crear un altar o un santuario, debe tener en cuenta varias consideraciones. En primer lugar, es importante elegir un lugar que le parezca sagrado. Puede ser un rincón de su habitación, un espacio dedicado en su casa o incluso un espacio al aire libre. La clave es elegir un lugar que le resulte cómodo y propicio para su práctica espiritual. En segundo lugar, es importante elegir objetos que tengan un significado personal para usted. Esto puede incluir velas, cristales, estatuas o cuadros. También puede elegir objetos tradicionalmente asociados con el vudú y el hudú, como tierra de cementerio, polvo de ladrillo rojo o bolsas de mojo. Los objetos que elija deben ser significativos para usted y ayudarle a conectar con el mundo espiritual de forma personal y auténtica.

En tercer lugar, es importante fijar intenciones para su altar o santuario. ¿Qué espera conseguir con su práctica? ¿Con quién espera conectar? Establecer intenciones le permite crear una práctica centrada e intencionada que le ayude a alcanzar sus objetivos espirituales. Por último, es importante mantener su altar o santuario con cuidado y respeto. Manténgalo limpio y organizado, y renueve sus ofrendas con regularidad. Dedique un tiempo cada día a conectar con su altar y a ofrecer sus oraciones y agradecimientos.

Cómo crear un altar vudú para un Lwa

Crear un altar vudú dedicado a un Lwa específico puede ser una experiencia poderosa y transformadora. Un altar puede servirle como espacio físico para conectar con el mundo espiritual y profundizar en su relación con un Lwa específico. En esta guía, obtendrá algunas ideas útiles para crear un altar vudú dedicado a un Lwa específico y algunos consejos sobre cómo honrar a su Lwa elegido y conectar con él.

Primer paso - Elegir su Lwa: En primer lugar, es importante elegir un Lwa con el que sienta una fuerte conexión. Los Lwa son espíritus que sirven de intermediarios entre los mundos humano y divino. Cada Lwa tiene su propia personalidad, energía y áreas de influencia. Algunos de los Lwa más conocidos son Papa Legba, Barón Samedi, Ezili Danto y Ogun. Investigue y explore los diferentes Lwa para encontrar uno que resuene con usted.

Segundo paso - Elegir y limpiar el espacio: Una vez que haya elegido un Lwa, es hora de crear su altar. Encuentre un espacio en su casa que sienta sagrado y que pueda dedicar a su práctica. Puede utilizar una mesa pequeña, una estantería o incluso un rincón de su habitación. Limpie el espacio con un poco de salvia o incienso para despejar cualquier energía negativa y crear una atmósfera sagrada.

Tercer paso - Elegir lo que va en su altar: A continuación, elija algunos objetos asociados a su Lwa elegido para colocarlos en su altar. Pueden ser velas, hierbas, cristales, estatuas u otros objetos simbólicos. Por ejemplo, supongamos que está creando un altar para Papa Legba. En ese caso, puede elegir colocar una estatua de él en su altar, junto con una vela blanca, un poco de tabaco y un poco de ron. Supongamos que está creando un altar para Ezili Danto. En ese caso, puede elegir colocar una estatua de ella en su altar, junto con algunas velas rojas, algunas rosas y algo de champán.

Cuando coloque sus objetos en el altar, tenga en cuenta la energía y el simbolismo de cada uno de ellos. Cada objeto debe tener un propósito y una intención específicos. Por ejemplo, las velas pueden representar la luz y la energía de lo divino, mientras que las hierbas pueden utilizarse para la protección y la curación. Elija los objetos que le parezcan significativos y que le ayuden a conectar con la energía del Lwa que haya elegido.

Cuarto paso - Conectar con su Lwa: Una vez que haya montado su altar, es el momento de conectar con su Lwa elegido. Una forma de hacerlo es mediante la oración y las ofrendas. Encienda una vela y algo de incienso, y ofrezca algo de comida o bebida a su Lwa. Hable a su Lwa desde el corazón y pídale su guía y protección. También puede optar por realizar un ritual o una danza para honrar a su Lwa y profundizar su conexión.

Otra forma de conectar con su Lwa elegido es a través de la meditación y la visualización. Siéntese frente a su altar y cierre los ojos. Visualice a su Lwa elegido de pie frente a usted e imagínese rodeado de su energía y protección. Permítase estar abierto a cualquier mensaje o guía que su Lwa pueda ofrecerle.

Quinto paso - Cuidar su altar: Es importante mantener su altar con cuidado y respeto. Manténgalo limpio y organizado, y renueve sus ofrendas con regularidad. Dedique un tiempo cada día a conectar con su altar y a ofrecer sus oraciones y agradecimientos.

Cambiar su altar vudú por uno hudú

Cambiar su altar vudú por uno Hoodoo puede ser una transformación significativa en su práctica espiritual. El Hoodoo es una forma de magia popular afroamericana estrechamente relacionada con el Vudú, pero que tiene tradiciones y prácticas únicas. Si está interesado en incorporar el Hoodoo a su práctica, puede hacer algunas cosas para cambiar su altar vudú por uno Hoodoo.

En primer lugar, es importante comprender las diferencias entre el vudú y el hudú. Aunque ambas tradiciones comparten algunos puntos en común, el Hoodoo suele centrarse más en la magia práctica y el trabajo con hechizos, mientras que el Vudú se centra más en la conexión espiritual y el ritual. El Hoodoo también hace hincapié en el uso de hierbas, raíces y otros materiales naturales en el trabajo de hechizos.

Para cambiar su altar vudú por uno Hoodoo, añada a su altar algunos objetos específicos Hoodoo. Estos pueden incluir hierbas, raíces, aceites y otros ingredientes utilizados habitualmente en los hechizos Hoodoo. También puede añadir algunos objetos simbólicos, como una bolsa de mojo o un pequeño espejo, utilizados a menudo en la magia Hoodoo.

Otra forma de cambiar su altar vudú por uno Hoodoo es incorporar algunos rituales y prácticas Hoodoo específicos a su rutina diaria. Por ejemplo, puede realizar un baño espiritual diario o utilizar un aceite específico para ungirse antes de realizar hechizos. También puede incorporar algunas oraciones o cánticos específicos asociados al Hoodoo.

Cómo preparar su altar para la veneración ancestral

Si le interesa la veneración ancestral, también puede modificar su altar para adecuarlo a esta práctica. La veneración ancestral es la práctica de honrar y conectar con sus antepasados, que son vistos como poderosos guías espirituales y protectores. He aquí algunos consejos útiles para crear un altar de veneración ancestral:

Incorpore sus fotos: Incorporar fotos o retratos de sus antepasados en su altar puede ser una forma poderosa de conectar visualmente con ellos durante su veneración. Cuando coloca una foto de su antepasado o antepasados en su altar, le sirve de recordatorio de su presencia en su vida y de su relevancia para su historia familiar. Puede ser una forma de honrar su memoria y reconocer sus contribuciones a su vida y a la de sus antepasados. Las fotos de sus antepasados en su altar también pueden ayudarle a crear un espacio sagrado para que conecte con ellos. Cuando se sienta a adorar en su altar, ver los rostros de sus antepasados puede crearle una sensación de confort y familiaridad. Puede ayudarle a sentirse menos solo y más conectado con su historia familiar y su ascendencia.

Además, incorporar fotos de sus antepasados puede ser una forma de mantener vivo su recuerdo. Con el paso del tiempo, puede ser fácil olvidar los detalles de su historia familiar y las historias de sus antepasados. Sin embargo, al exponer sus fotos en su altar, mantiene vivo su recuerdo y preserva su legado para las generaciones futuras. A la hora de elegir qué fotos exhibir en su altar, puede considerar la posibilidad de seleccionar imágenes que sean significativas para usted o que representen momentos importantes de la historia de su familia. Por ejemplo, puede elegir una foto de su bisabuela el día de su boda o una foto de su abuelo durante su servicio militar. También puede optar por exponer fotos de antepasados que hayan fallecido más recientemente para honrar su memoria y mantener cerca su espíritu.

Además, es importante tratar las fotos de sus antepasados con respeto y cuidado. Puede considerar enmarcarlas o colocarlas en fundas protectoras para evitar que se dañen o deterioren con el tiempo. También puede limpiar periódicamente las fotos o disponerlas de forma que le resulten estéticamente agradables.

Utilice los objetos que una vez poseyeron: Estos objetos pueden ser cualquier cosa con significado personal o valor sentimental, como joyas, ropa u otras reliquias. Colocar estos objetos en su altar crea una conexión tangible con la historia de su familia y sus antepasados. Cuando ve y toca estos objetos, puede conectar con sus antepasados de una forma más visceral. Puede ser una experiencia poderosa sostener algo que su antepasado poseyó o vistió una vez y sentir que usted forma parte de su legado.

Colocar estos objetos en su altar también puede servirle para honrar la memoria de sus antepasados y respetar sus contribuciones a la historia de su familia. Por ejemplo, puede exhibir una pieza de joyería transmitida a través de varias generaciones de su familia o una prenda que su bisabuela cosió a mano. Estos objetos pueden recordarle los sacrificios y el duro trabajo que sus antepasados realizaron para construir su legado familiar. Al colocar estos objetos en su altar, es importante tratarlos con cuidado.

Puede considerar colocarlos en un paño especial o en un expositor o disponerlos de una forma que le resulte estéticamente agradable. También puede limpiar los objetos periódicamente para evitar que se dañen o deterioren.

Ofrézcales su comida y bebida favoritas: Esta puede ser una forma poderosa de honrar su memoria y crear un sentimiento de conexión con ellos a través de experiencias y tradiciones compartidas. Ofrecer comida o bebida a sus antepasados puede hacerse de varias maneras. Una de ellas consiste en ofrecerles algo significativo durante su vida. Por ejemplo, supongamos que a su abuela le encantaba un tipo concreto de té. En ese caso, podría ofrecer ese té en su altar como forma de conectar con ella y honrar su memoria. Del mismo modo, si su abuelo tenía una comida o bebida favorita, podría considerar ofrecer ese artículo en su altar en su honor.

Otro enfoque consiste en preparar un plato o bebida especial dirigido específicamente a la memoria de sus antepasados. Podría tratarse de una receta familiar transmitida de generación en generación o de un plato que usted cree basándose en las tradiciones culturales de sus antepasados. Al preparar esta comida o bebida y ofrecerla en su altar, está creando un sentido de continuidad con su historia familiar y honrando las tradiciones y costumbres de sus antepasados. Al ofrecer comida o bebida en su altar, es importante hacerlo con cuidado y respeto. Puede optar por colocar la comida o la bebida en un plato o taza especial o disponerla de un modo que le resulte estéticamente agradable. También puede encender velas o incienso para honrar aún más a sus antepasados y crear un espacio sagrado para su memoria.

Preguntas frecuentes

P: ¿Está bien tener varios altares?

R: Sí, está absolutamente bien tener varios altares. De hecho, muchos practicantes tienen altares separados para diferentes propósitos, como uno para los antepasados, otro para los Lwas y otro para otros seres espirituales. Tener varios altares le permite concentrar su energía en áreas de práctica específicas. Puede ayudarle a crear una práctica espiritual más personalizada y significativa.

P: Si dedico un altar tanto a un antepasado como a un Lwa, ¿estaría bien?

R: Está perfectamente bien dedicar un altar a un antepasado y a un Lwa. En el vudú, los antepasados y los Lwas suelen considerarse interconectados, y no es raro que los practicantes honren a ambos en el mismo altar. Solo tiene que seguir los rituales o prácticas específicos asociados a cada espíritu y mostrar a ambos el respeto que se merecen.

P: ¿Puedo dedicar mi altar a varios Lwas?

R: Sí, es posible dedicar su altar a varios Lwas, aunque es importante hacerlo con cuidado y respeto. Antes de dedicar su altar a varios Lwas, asegúrese de que comprende las características y los requisitos de cada Lwa y de que puede proporcionar las ofrendas y la atención necesarias a cada espíritu. Por ejemplo, nunca debe tener el mismo altar para un Rada y un Petro Lwa a menos que haya dividido el altar de forma que una mitad esté dedicada a cada nanchon.

P: ¿Qué debo hacer con las ofrendas de comida después de un tiempo?

R: Es importante deshacerse de las ofrendas de comida respetuosamente. En muchas tradiciones vudú, es habitual dejar las ofrendas fuera durante un cierto tiempo (como 24 horas) y después deshacerse de ellas de forma natural, como enterrarlas en la tierra o arrojarlas al agua corriente. Asegúrese de hacerlo de forma respetuosa con los espíritus y con el medio ambiente.

P: ¿Cómo se limpia el altar?

R: Limpiar el altar es importante para mantener una práctica espiritual. Dependiendo de su tradición y preferencias específicas, hay muchas formas de limpiar un altar. Un método común es utilizar humo de hierbas o incienso, como salvia o palo santo. También puede utilizar sonidos como una campana o un cuenco tibetano para limpiar la energía negativa. Otro método consiste en limpiar físicamente el altar con agua y jabón suave mientras se centra en la intención de limpiar y purificar el espacio. Sea cual sea el método que elija, asegúrese de hacerlo con cuidado e intención, y muestre siempre respeto por los espíritus y el propio altar.

P: ¿Puedo utilizar mi altar para la adivinación o el trabajo con hechizos?

R: Los altares pueden utilizarse para diversas prácticas espirituales, incluidas la adivinación y los conjuros. Sin embargo, es importante abordar estas prácticas con cuidado y respeto y seguir los rituales o tradiciones específicos asociados a ellas. Si es nuevo en la adivinación o el trabajo con hechizos, sería útil buscar la orientación de un practicante más experimentado o investigar y practicar ampliamente antes de intentar estas prácticas espirituales por su cuenta.

P: ¿Con qué frecuencia debo limpiar y refrescar mi altar?

R: La frecuencia con la que limpie y refresque su altar dependerá de su práctica específica y de los espíritus con los que esté trabajando. Algunos practicantes prefieren limpiar su altar a diario o semanalmente, mientras que otros solo lo hacen en ocasiones especiales o cuando trabajan con espíritus específicos. Es importante escuchar su intuición y la guía de los espíritus a la hora de mantener su altar. Siempre debe mostrar respeto y cuidado por el espacio utilizado y por los espíritus con los que trabaja.

P: ¿Qué debo hacer si mi altar resulta perturbado o dañado?

R: Si su altar sufre algún tipo de alteración o daño, es importante que tome las medidas necesarias para restaurarlo lo antes posible. Lo primero que debe hacer es evaluar el alcance de los daños. Si es menor, es posible que pueda repararlo usted mismo. Puede que necesite consultar a un practicante espiritual o a un anciano para que le oriente si es más extenso. Independientemente del alcance del daño, es importante limpiar y volver a consagrar el altar una vez reparado. Esto puede hacerse emborronando la zona con salvia o palo santo, ungiendo el altar con agua bendita o agua de Florida y ofreciendo oraciones y ofrendas a los espíritus para pedir su perdón y bendiciones. También es importante investigar la causa de la perturbación o el daño. Si se debió a causas naturales como una tormenta o un terremoto, es posible que tenga que realizar un ritual especial para apaciguar a los espíritus de la tierra. Si se debió a la interferencia humana, puede que necesite realizar un ritual más complicado para eliminar cualquier energía negativa y proteger su altar de futuros daños.

Capítulo 8: Bolsas de mojo y gris-gris

Las bolsas de mojo y los gris-gris se encuentran entre los amuletos vudú más importantes, aunque la mayoría de la gente parece conocer solo los muñecos vudú, que en realidad son una forma de gris-gris por sí mismos. En este capítulo, aprenderá todo sobre estos amuletos y sus usos, así como a fabricarlos.

Una bolsa de mojo[12]

¿Gris? ¿Bolsas de mojo?

Las bolsas de mojo y los gris-gris son poderosos amuletos arraigados en las creencias y prácticas vudú. Estos objetos son más que meras baratijas. Están imbuidos de poder y significado espiritual y forman parte integral de la tradición vudú. A veces se conocen como bolsas de monjo o jomo. Las bolsas de mojo son pequeñas bolsas, normalmente de franela o cuero, llenas de hierbas, raíces, piedras y otros ingredientes mágicos. Suelen llevarse encima o pueden colocarse en un lugar específico, como un altar o un espacio sagrado.

El gris-gris, por su parte, es más específico de la tradición vudú de Nueva Orleans. Se cree que la palabra "gris-gris" procede de la palabra yoruba para juju. Algunos dicen que procede de la palabra francesa "joujou", que se refiere a un juguete o juguete. Los gris-gris también son bolsas llenas de ingredientes mágicos, pero suelen llevarse en una cuerda alrededor del cuello o la cintura. Los gris-gris también pueden adoptar otras formas, como pequeños muñecos de tela, tótems o incluso polvos.

Tanto las bolsas de mojo como los gris-gris están profundamente relacionados con las creencias y prácticas vudú. En la tradición vudú, se cree que todo en el universo está imbuido de energía espiritual. Esta energía puede aprovecharse y utilizarse para diversos fines, desde la curación a la protección, pasando por los hechizos de amor. Las bolsas de mojo y los gris-gris son herramientas que los practicantes de vudú utilizan para acceder a esta energía y canalizarla hacia un objetivo específico. En el vudú, los ingredientes que van en las bolsas de mojo y los gris-gris se eligen cuidadosamente por sus propiedades espirituales. Por ejemplo, a hierbas como la albahaca, el romero y la menta se les atribuyen cualidades protectoras, mientras que a raíces como la mandrágora, la zarzaparrilla y el ginseng se les atribuyen poderes curativos. Se cree que piedras como la amatista, el cuarzo y la hematites tienen energías diferentes, que se utilizan para fines distintos.

La forma de fabricar y utilizar las bolsas de mojo y los gris-gris también refleja las creencias y prácticas vudú. Estos amuletos se hacen a menudo durante fases específicas de la luna o durante ciertas épocas del año en las que se cree que la energía espiritual es particularmente fuerte. La persona que fabrica el amuleto también puede realizar rituales u oraciones específicas para imbuirlo de un poder adicional. Los usos de las bolsas de mojo y los gris-gris son tan variados como los ingredientes que los componen. Pueden utilizarse para obtener protección, suerte, amor, dinero e incluso para maldecir a un enemigo. En algunos casos, pueden combinarse con otras prácticas vudú, como la magia con velas o los baños espirituales.

En el vudú, las bolsas de mojo y los gris-gris se consideran objetos muy personales. A menudo se fabrican específicamente para un individuo e incluso pueden contener objetos personales como pelo o recortes de uñas. Se cree que cuanto más estrecha sea la conexión entre el individuo y el amuleto, más poderoso será.

Cómo hacer su bolsa de mojo

Crear una bolsa de mojo es un ritual sagrado que requiere cuidado y atención. Antes de empezar, es importante elegir los materiales adecuados y fijar sus intenciones. Una bolsa de mojo es un objeto personal; cada una debe elaborarse con amor y cuidado. Para hacer una bolsa de mojo, necesitará los siguientes materiales:

- Un pequeño trozo de tela o bolsa de materiales naturales (como algodón, seda o cuero)
- Hierbas, raíces u otros ingredientes naturales (como huesos, cristales o monedas) que correspondan a su intención
- Hilo o cuerda
- Tijeras
- Aceite de unción (opcional)

Ahora que ha reunido sus materiales, es el momento de empezar:

1. **Establezca su intención:** Antes de empezar, es importante que fije su intención. Decida qué quiere que su bolsa de mojo haga por usted. Por ejemplo, ¿quiere que le traiga amor, éxito o protección? Esta intención guiará su selección de materiales.

2. **Elija sus ingredientes:** Seleccione hierbas, raíces u otros elementos naturales que se correspondan con su intención. Considere la posibilidad de consultar la guía de simbolismo de plantas y hierbas del capítulo anterior de este libro para orientarse.

3. **Corte la tela:** Corte un pequeño cuadrado de tela o utilice una bolsa prefabricada lo suficientemente grande para que quepan sus ingredientes.

4. **Añada sus ingredientes:** Coloque los ingredientes que haya elegido dentro de la bolsa o sobre la tela. Tenga cuidado de elegir solo los

elementos que correspondan a su intención. Por ejemplo, si desea atraer el amor, puede utilizar pétalos de rosa, canela y hierba gatera. Si desea protección, puede utilizar un trozo de hematites, salvia y una pizca de sal.

5. **Ate la bolsa:** Después de añadir los ingredientes, ate con cuidado la bolsa o la tela utilizando el cordel o el hilo. Mientras ata la bolsa, concéntrese en su intención y pida las bendiciones de los espíritus y los antepasados.

6. **Unja la bolsa (opcional):** Puede ungir la bolsa con un aceite que corresponda a su intención. Por ejemplo, si desea atraer el amor, podría utilizar aceite de rosas. Si desea protección, puede utilizar un aceite protector como el incienso.

7. **Personalice la bolsa:** Su bolsa de mojo debe ser un objeto personal que refleje su espíritu individual. Puede personalizarla añadiendo un pequeño talismán o amuleto que le represente a usted o a algo importante para usted. Podría ser una pieza de joyería o una pequeña baratija.

8. **Consagre la bolsa:** Debe consagrar su bolsa de mojo colocándola en su altar y pidiendo las bendiciones de los espíritus y los antepasados. También puede limpiarla con el humo del incienso o la salvia quemados para eliminar cualquier energía negativa.

9. **Respire sobre la bolsa:** Exhale por la boca tres veces sobre la bolsa. Esto la activará para que pueda ponerse a trabajar en la intención que le haya fijado.

Siguiendo estos pasos, podrá crear una poderosa y eficaz bolsa de mojo imbuida de la energía de sus intenciones y de las bendiciones de sus espíritus y antepasados. Recuerde tratar su bolsa de mojo con respeto y cuidado, y mantenerla siempre cerca de usted para conseguir la máxima eficacia.

Cómo hacer su gris-gris

Hacer un gris-gris es una práctica sagrada y profundamente personal en el vudú. Implica elegir materiales con significados e intenciones específicos y crear un amuleto único que represente sus deseos y necesidades. Para empezar, reúna los siguientes materiales:

- Un trozo de tela, preferiblemente roja o negra
- Aguja e hilo
- Hierbas y especias, como albahaca, canela o menta

- Pequeños cristales o piedras, como cuarzo transparente o turmalina negra
- Objetos personales, como recortes de pelo o uñas
- Papel y bolígrafo

Un amuleto o talismán, como una pequeña pieza de joyería o una moneda Una vez que haya reunido sus materiales, siga estos pasos para crear su gris-gris:

1. **Elija su intención:** Antes de empezar, es importante saber qué quiere conseguir con su gris-gris. Tómese un tiempo para reflexionar sobre sus deseos y escríbalos en un papel.
2. **Elija sus materiales:** Cada hierba, cristal y objeto personal tiene su propio significado y energía. Elija los objetos que se alineen con su intención y añádalos a su área de trabajo.
3. **Corte su tela:** Corte un pequeño trozo de tela en forma de cuadrado o rectángulo. El tamaño de la tela dependerá del tamaño de su amuleto.
4. **Escriba su intención:** Con un bolígrafo o rotulador, escriba su intención en un pequeño trozo de papel. Doble el papel y colóquelo en el centro de la tela.
5. **Añada sus hierbas y especias:** Espolvoree un pequeño número de hierbas y especias sobre la tela. Cada hierba y especia tiene su propio significado, así que elija las que se alineen con su intención. Doble la tela y cosa los bordes, creando una pequeña bolsa.
6. **Añada sus cristales y objetos personales:** Añada sus cristales y objetos personales a la bolsita. Estos objetos añadirán energía personal a su gris-gris y le ayudarán a alinearlo con su intención.
7. **Añada su amuleto:** Elija un amuleto o talismán que represente su intención y añádalo a la bolsa. Puede ser una pequeña pieza de joyería o una moneda.
8. **Cierre su gris-gris:** Una vez que haya añadido todos sus materiales, cierre su gris-gris atándolo con un trozo de hilo. También puede coserlo para cerrarlo si lo prefiere.
9. **Limpie y cargue su gris-gris:** Sosténgalo entre sus manos y concentre su intención en él. También puede limpiarlo y cargarlo colocándolo a la luz de la luna o emborronándolo con salvia o palo santo.

10. **Respire sobre el gris-gris:** Hacer esto lo pondrá a trabajar en aquello para lo que lo haya creado.

Recuerde que crear un gris-gris es una práctica personal y sagrada. Elija materiales que se alineen con su intención y confíe en su intuición. Consulte el glosario al final del libro para obtener más ideas sobre qué tipo de materiales podría utilizar, así como sus significados espirituales, para que pueda ser más creativo con su manualidad. ¡Que su bolsa de mojo y su gris-gris le traigan las bendiciones y la protección que busca!

Usos de los amuletos vudú

Protección: Las bolsas de mojo y los gris-gris pueden utilizarse para protegerse de las energías negativas, la mala suerte y los daños. En lo que respecta a las prácticas vudú, la protección es uno de los usos más comunes de las bolsas de mojo y los gris-gris. Se cree que estos amuletos vudú proporcionan protección espiritual y física contra las energías negativas, la mala suerte y los daños.

En el vudú, la protección no solo tiene que ver con la seguridad física, sino también con el bienestar espiritual. Se cree que las energías e influencias negativas pueden adherirse a una persona, causándole angustia emocional y mental. Se cree que las bolsas de mojo y los gris-gris protegen contra estas energías negativas y ayudan a la persona a utilizarlas para mantener una sensación de equilibrio espiritual y emocional.

Amor y relaciones: Los amuletos vudú pueden atraer o potenciar el amor y fortalecer las relaciones. Los amuletos vudú también pueden utilizarse para traer armonía a las relaciones y profundizar la conexión entre la pareja. Los amuletos para el amor y las relaciones pueden elaborarse utilizando diversos ingredientes y símbolos que se cree que tienen propiedades asociadas con el amor, la pasión y el romance. En los amuletos para el amor y las relaciones pueden utilizarse símbolos. Por ejemplo, se puede hacer un amuleto utilizando dos corazones entrelazados para representar el amor que se profesa una pareja. Uno o ambos miembros de la pareja pueden llevar el amuleto para reforzar el vínculo entre ellos. Otros símbolos que pueden utilizarse son la flecha de Cupido, que representa el poder del amor y la atracción, y el símbolo del infinito, que representa la naturaleza eterna del amor.

Utilizar amuletos para el amor y las relaciones puede ayudarle a atraer más amor y armonía a su vida. Al centrar su energía e intenciones en atraer el amor o mejorar su relación, puede crear energía positiva para atraer más amor y felicidad a su vida. Es importante recordar que los amuletos del amor no son un sustituto de la comunicación y las acciones saludables en las relaciones, sino más bien una herramienta para apoyar y mejorar el amor que ya existe.

Salud y curación: Las bolsas de mojo y los gris-gris pueden utilizarse para la curación física, emocional y espiritual. Pueden ser herramientas poderosas para promover la curación física, emocional y espiritual. Estos amuletos pueden ayudar a aliviar dolencias y proporcionar fuerza y protección durante la enfermedad. Los materiales utilizados en la creación de estos amuletos pueden tener propiedades curativas, y la intención y la energía infundidas en el amuleto pueden ayudar a amplificar estas propiedades.

Al crear una bolsa de mojo o gris-gris con fines curativos, es importante establecer la intención para el amuleto y centrarse en el resultado deseado. Los materiales utilizados en el amuleto deben elegirse en función de sus propiedades curativas, y el amuleto debe infundirse con energía e intención positivas. A continuación, el amuleto puede llevarse encima o ponerse para promover la curación y la protección. Es importante tener en cuenta que, aunque las bolsas de mojo y los gris-gris pueden ser herramientas poderosas para promover la curación, no deben sustituir al tratamiento médico. Siempre es importante buscar consejo y tratamiento médico cuando se trata de problemas de salud. Las bolsas de mojo y el gris-gris pueden utilizarse junto con el tratamiento médico para promover la curación y el bienestar.

Prosperidad y abundancia: En el vudú, la prosperidad y la abundancia se consideran aspectos importantes de una vida bien vivida. Aunque la riqueza financiera no es la única medida de la prosperidad, es sin duda un aspecto importante de la misma. Los amuletos vudú pueden atraer la riqueza, el éxito y la abundancia en todos los ámbitos de la vida. El uso de bolsas de mojo y gris-gris en el vudú suele estar relacionado con el aprovechamiento del poder del universo para alcanzar los propios objetivos. Se cree que creando una representación física de los propios deseos, como una bolsa de mojo o un gris-gris, e imbuyéndola de poder espiritual, puede atraer el resultado deseado a su vida.

Para quienes buscan prosperidad y abundancia, los amuletos vudú pueden atraer la riqueza y el éxito y aumentar las oportunidades de obtener beneficios económicos. Estos amuletos pueden incluir objetos simbólicos como monedas o billetes de dólar, hierbas y otros materiales naturales a los que se atribuyen propiedades mágicas. Es importante señalar que el vudú no enseña que la riqueza y la prosperidad sean las únicas medidas del éxito o la felicidad. Más bien, se cree que la verdadera prosperidad abarca todos los aspectos de la vida, incluido el bienestar emocional, espiritual y social. Por lo tanto, los amuletos vudú utilizados para la prosperidad y la abundancia también pueden incluir artículos de crecimiento y realización personal, como cristales o símbolos de objetivos personales.

En general, los amuletos vudú utilizados para la prosperidad y la abundancia pretenden ayudar a las personas a alinear su energía con el universo, aumentando la probabilidad de éxito en todos los ámbitos de la vida. Aunque la ganancia financiera suele ser un resultado deseado, la verdadera prosperidad también implica la realización emocional y espiritual, lo que convierte al vudú en un enfoque holístico para alcanzar la prosperidad y la abundancia.

Asuntos legales: Las bolsas de mojo y los gris-gris no solo se utilizan con fines espirituales, sino que también pueden emplearse para ayudar en asuntos legales. Estos amuletos pueden ayudar a tener éxito en casos judiciales o negociaciones, así como dar protección contra daños legales. El poder de estos amuletos reside en su capacidad para conectar al individuo con el reino espiritual y proporcionarle guía y protección. Los practicantes de vudú creen que al crear una bolsa de mojo o gris-gris, están recurriendo al poder de sus antepasados y espíritus para que les guíen en sus asuntos legales.

Estos amuletos pueden llevarse sobre el cuerpo o colocarse estratégicamente para proporcionar el máximo beneficio. Cuando se utiliza en asuntos legales, la bolsa de mojo o gris-gris puede ayudar a proporcionar una mente clara y una presencia fuerte, facilitando la presentación de un caso sólido o la negociación de términos favorables. Además, la bolsa de mojo o gris-gris puede proteger de la energía negativa, incluida la dirigida hacia el individuo en procedimientos legales. Esto puede ayudar a garantizar que el individuo no sea acusado injustamente o castigado injustamente.

Conexión espiritual: Los amuletos vudú atraen bendiciones materiales o protección contra las energías negativas y también pueden mejorar sus conexiones espirituales. La práctica del vudú implica la creencia en la existencia de un mundo espiritual que está interconectado con el mundo físico. Por ello, los amuletos vudú pueden utilizarse para mejorar las conexiones espirituales con lo divino, los antepasados y los espíritus. Una forma en que los amuletos vudú pueden ayudar con la conexión espiritual es representando físicamente sus intenciones y oraciones. Cuando crea una bolsa de mojo o gris-gris, manifiesta físicamente sus deseos y necesidades. Al llevar o portar el amuleto, se recuerda a sí mismo sus objetivos espirituales y la energía que pone en conseguirlos.

Además, los amuletos vudú pueden utilizarse en rituales o ceremonias para mejorar las conexiones espirituales. Por ejemplo, una bolsa de mojo puede utilizarse en un ritual para conectar con los antepasados o pedir guía a los espíritus. La presencia del amuleto puede servir como punto focal para sus intenciones y oraciones, permitiéndole profundizar en sus conexiones espirituales. Además, los materiales utilizados para crear amuletos vudú también pueden tener un significado espiritual. Por ejemplo, se cree que ciertas hierbas o cristales tienen propiedades espirituales que pueden mejorar las conexiones espirituales o ayudar en la curación espiritual. Al incluir estos materiales en una bolsa de mojo o gris-gris, usted está utilizando sus propiedades espirituales para mejorar sus propias conexiones espirituales.

Consejos y trucos para adaptar los amuletos a sus necesidades

1. **Personalice los ingredientes:** Aunque a menudo se utilizan ingredientes tradicionales en las bolsas de mojo y los gris-gris, es importante elegir ingredientes que resuenen con usted y sus intenciones. Considere la posibilidad de utilizar hierbas u otros materiales con significado personal o propiedades específicas que se alineen con su resultado deseado.

2. **Personalice el color:** El color de la tela utilizada para hacer una bolsa de mojo o gris-gris también puede personalizarse para que se ajuste a sus intenciones. Considere la posibilidad de elegir un color que se corresponda con el propósito específico de su amuleto, como el verde para el dinero o el rojo para el amor.

3. **Incorpore objetos personales:** Añadir objetos personales a su bolsa de mojo o gris-gris puede ayudar a reforzar su conexión con el amuleto y sus intenciones. Esto podría incluir una pieza de joyería, una pequeña foto o una intención escrita.

4. **Cargue y active el amuleto:** Antes de utilizar su amuleto, tómese el tiempo necesario para cargarlo con sus intenciones y activar su energía. Esto puede hacerse mediante la oración, la meditación u otras prácticas rituales. Recuerde que la respiración sobre el amuleto es vital.
5. **Recargue el amuleto según sea necesario:** A medida que siga utilizando su bolsa de mojo o gris-gris, es posible que pierda parte de su energía con el tiempo. Considere recargarlo periódicamente con prácticas de fijación de intenciones y activación de la energía para mantener su eficacia.

Capítulo 9: Limpieza y elevación de las protecciones

Aunque los medios de comunicación populares a menudo presentan el vudú y el hudú como algo relacionado con maldiciones y maleficios, lo cierto es que el mejor ataque es una buena defensa. Es esencial recordar que el Vudú y el Hudú son principalmente prácticas espirituales que se centran en la protección, la curación y en ayudar a las personas a alcanzar sus objetivos. Una de las formas más eficaces de protegerse es tomar un baño espiritual. Esta práctica consiste en utilizar una combinación de hierbas, aceites y otros ingredientes para limpiarse espiritualmente y protegerse de las energías negativas. Cuando se hace correctamente, un baño espiritual puede ayudarle a sentirse más equilibrado, centrado y con los pies en la tierra, así como a liberarse de cualquier energía negativa que pueda estar arrastrando.

Además de los baños espirituales, existen varios rituales y hechizos que puede utilizar para protegerse de las energías e influencias negativas. Estos pueden incluir la creación de un amuleto o talismán protector, la realización de un ritual para desterrar la energía negativa o el lanzamiento de un hechizo para protegerse de cualquier daño. Otro aspecto importante de la protección en el vudú y el hudú es trabajar con aliados espirituales. Esto podría incluir invocar a sus antepasados u otros espíritus para que le protejan y guíen o crear una relación con una deidad o espíritu en particular que sea conocido por proporcionar protección y apoyo.

Existen varios rituales y hechizos que proporcionan protección[15]

Una de las cosas más importantes que hay que recordar cuando se trabaja con la protección en el vudú y el hudú es que no se trata solo de defenderse de las influencias externas. También se trata de cultivar una energía fuerte y positiva en su interior que le ayude a mantenerse centrado y enfocado sin importar sus desafíos. Para ello, es importante cultivar una práctica espiritual regular que incluya la oración, la meditación y otras prácticas que le ayuden a conectar con su interior y con lo divino. Esto podría implicar la creación de un ritual diario que incluya encender velas, quemar incienso y recitar oraciones o mantras. También podría implicar trabajar con un maestro o guía espiritual concreto que pueda ayudarle a profundizar en su práctica espiritual.

Baño del escudo de Legba
(Para la autoprotección)

Materiales:
- Hojas de eucalipto
- Hierba limón
- Hojas de laurel
- Hojas de menta
- 7 velas blancas
- Un paño blanco
- Agua de Florida (una especie de colonia cítrica)
- Aceite de protección
- Una foto suya
- Un cuenco

Pasos a seguir:
1. Empiece encendiendo las velas y colocándolas en círculo a su alrededor.
2. Añada las hojas de eucalipto, la hierba limón, las hojas de laurel y las hojas de menta a un cuenco con agua caliente.
3. Coloque el cuenco sobre el paño blanco frente a usted.
4. Añada unas gotas de agua de Florida y aceite de protección al cuenco.
5. Sostenga la foto de usted en sus manos y concéntrese en su intención de protección.
6. Llame a sus antepasados y pídales que bendigan su baño.
7. Llame al Lwa de la protección, Papa Legba, y pídale su ayuda.
8. Añada la foto al cuenco y remueva el agua con la mano.
9. Recite una oración o afirmación de protección.
10. Sitúese en el centro del círculo de velas y vierta el agua del baño sobre su cabeza mientras recita una oración de protección.
11. Una vez que haya vertido toda el agua sobre su cabeza, apague las velas.

Hechizo del escudo ardiente
(Para la autoprotección)

Materiales:
- Una vela roja
- Aceite de sangre de dragón
- Una foto suya
- Un trozo de tela roja
- Polvo protector
- Un espejo pequeño
- Un trozo de cuerda negra
- Un cuenco

Pasos:
1. Unja la vela roja con aceite de Sangre de Dragón y colóquela en el centro del cuenco.
2. Encienda la vela y concéntrese en su deseo de estar seguro y protegido.
3. Concéntrese en sus antepasados, pidiéndoles que den testimonio de este ritual y lo bendigan.
4. Sostenga la foto de usted en sus manos y recite una invocación al Lwa de la protección, Papa Legba.
5. Frote el polvo de protección en el paño rojo y envuélvalo alrededor del pequeño espejo.
6. Ate el trozo de cuerda negra alrededor del manojo.
7. Sostenga el manojo frente a la vela encendida y recite una oración o afirmación de protección.
8. Coloque el manojo junto a la vela y deje que esta se consuma por completo.
9. Mantenga el fardo con usted en todo momento para su protección.

Hechizo del escudo acorazado
(Para la protección de otra persona)

Materiales:
- Una vela negra
- Aceite de protección
- Una foto de la persona que desea proteger
- Un trozo de hierro o acero
- Un paño negro
- Hilo negro
- Un cuenco

Pasos a seguir:
1. Unte la vela negra con aceite protector y colóquela en el centro del cuenco.
2. Encienda la vela y concéntrese en su intención de protección.
3. Llame a sus antepasados para que bendigan y sean testigos de su ritual.
4. Sostenga en sus manos la foto de la persona que desea proteger y recite una invocación a la Lwa de la protección, Ogun.
5. Coloque la foto en el cuenco y ponga encima el trozo de hierro o acero.
6. Envuelva el cuenco con la tela negra y átelo con el hilo negro.
7. Deje que la vela se consuma por completo.
8. Saque el fardo de tela del cuenco y entiérrelo en la tierra, preferiblemente cerca de la persona a la que desea proteger.

Hechizo Salvado por Danto
(Para la protección del hogar)

Materiales:
- Una vela blanca
- Hierbas de protección (como laurel, tomillo y romero)
- Un pequeño cuenco de sal
- Un paño negro
- Un trozo de cuerda roja
- Una foto de su casa
- Un cuenco

Pasos a seguir:
1. Encienda la vela blanca y colóquela en el centro del cuenco.
2. Espolvoree las hierbas protectoras alrededor de la vela.
3. Llame a sus antepasados para que bendigan su ritual.
4. Sostenga la foto de su casa entre las manos y recite una invocación a la Lwa de la protección, Ezili Danto.
5. Coloque la foto en el cuenco y espolvoree sobre ella el pequeño cuenco de sal.
6. Envuelva el cuenco con el paño negro y átelo con el cordel rojo.
7. Deje que la vela se consuma por completo.
8. Saque el manojo de tela del cuenco y colóquelo en un lugar destacado de su casa para que continúe protegido.

Amuleto del Guardián Divino
(Para protegerse a sí mismo o a otra persona)

Materiales:
- Un pequeño paño blanco
- Hilo blanco
- Aceite de protección
- Una foto de la persona que desea proteger
- Hojas de laurel secas
- Una pequeña pluma blanca
- Un pequeño cristal de cuarzo transparente

Pasos a seguir:
1. Empiece cortando la tela blanca en forma circular.
2. Coloque la foto de la persona que desea proteger en el centro de la tela.
3. Llame a sus antepasados para que bendigan su obra.
4. Añada unas gotas de aceite de protección sobre la foto.
5. Espolvoree algunas hojas secas de laurel alrededor de la foto.
6. Coloque la pequeña pluma blanca encima de las hojas de laurel.
7. Coloque el cristal de cuarzo transparente encima de la pluma.
8. Junte los bordes de la tela y átela con el hilo blanco.
9. Sostenga el amuleto en sus manos e invoque al Barón Samedi, pidiéndole su ayuda para proteger a la persona.
10. Invoque a los antepasados de la persona y pídales su protección y guía.
11. Entregue el amuleto a la persona para que lo lleve consigo en todo momento.

Amuleto del santuario
(Para proteger el hogar)

Materiales:
- Una pequeña tela negra
- Hilo negro
- Aceite protector
- Un tarro pequeño con tapa
- Salvia seca
- Romero seco
- Un trozo de turmalina negra
- Sal negra

Pasos:
1. Empiece cortando la tela negra en forma de cuadrado.
2. Coloque la salvia y el romero secos en el tarro.
3. Añada unas gotas de aceite de protección sobre las hierbas.
4. Coloque la turmalina negra en el tarro.
5. Espolvoree un poco de sal negra sobre la turmalina.
6. Cierre bien la tapa del tarro.
7. Envuelva el tarro con la tela negra y átelo con el hilo negro.
8. Sostenga el amuleto en sus manos e invoque al Lwa de la protección, Ogun, pidiéndole su ayuda para proteger el hogar.
9. Invoque a sus antepasados y pídales también su protección y guía.
10. Coloque el amuleto en un lugar de la casa donde pueda verse, como en una estantería o repisa de la chimenea.

Tenga en cuenta que puede invocar a cualquier Lwa que prefiera para que le proteja y que siempre puede sustituir un material por otro. Tendrá que consultar el glosario al final del libro para saber qué funciona para cada cosa.

¿Ha sido hechizado?

No es infrecuente que las personas que practican el vudú sufran maleficios o maldiciones por parte de otros practicantes. Un maleficio puede causar daños y desgracias en muchos ámbitos de su vida, desde la salud hasta la carrera profesional y las relaciones. Si sospecha que ha sido hechizado, es importante tomar medidas inmediatas para protegerse y revertir los efectos de la maldición.

A continuación encontrará varios consejos que le ayudarán a comprobar si ha sido hechizado por otro practicante de vudú o no, y le explicarán cómo purgar el maleficio y protegerse en el futuro:

1. Preste atención a los cambios repentinos en su vida. Si ha estado experimentando una repentina racha de mala suerte o desgracias, podría ser señal de que ha sido embrujado. Los signos más comunes de un maleficio incluyen reveses financieros, en las relaciones, en la salud y en la carrera profesional.
2. Busque síntomas físicos. Un maleficio también puede causar síntomas físicos como dolores de cabeza, fatiga y problemas digestivos. Si experimenta síntomas físicos inexplicables, podría ser una señal de que ha sido hechizado.
3. Consulte con un practicante de vudú de confianza. Si sospecha que ha sido embrujado, es importante buscar la ayuda de un practicante de vudú de confianza. Ellos pueden ayudarle a determinar si ha sido embrujado y guiarle para revertir los efectos de la maldición.
4. Realice un ritual de limpieza. Puede realizar un ritual de limpieza para purgar el maleficio y limpiarse de energía negativa. Esto puede implicar tomar un baño con hierbas y aceites, emborronar su casa con salvia o palo santo, o quemar velas para simbolizar la liberación de la energía negativa.
5. Invoque la ayuda de un Lwa poderoso. Para protegerse de futuros maleficios, puede invocar la ayuda de un Lwa poderoso, como Papa Legba, conocido por su capacidad de protección contra el mal y la energía negativa. Puede ofrecerle ofrendas de tabaco, ron o café y pedirle su protección.
6. Lleve amuletos protectores. Para protegerse de futuros maleficios, puede llevar amuletos protectores como una bolsa de mojo o un talismán hecho con materiales como hierbas, cristales y aceites.

Una vez confeccionados, la bolsa o el talismán puede llevarlos consigo en todo momento.

7. Evite a las personas y situaciones negativas Evitar a las personas y situaciones negativas que puedan atraer energía negativa es importante para prevenir futuros maleficios. Rodéese de gente positiva y céntrese en pensamientos y acciones positivas.

8. Practique rituales de protección diarios: Una vez que le hayan quitado un maleficio, protegerse de futuros ataques es importante. Practique rituales de protección diarios, como encender velas o llevar talismanes protectores. También puede crear una bolsa de mojo protectora para llevarla siempre consigo. Incorpore hierbas protectoras, como hojas de laurel o salvia, a su hogar y a su espacio personal. Tomando estas medidas, puede crear un escudo de protección a su alrededor y alejar cualquier ataque futuro.

Capítulo 10: Vudú para el amor y la abundancia

En el capítulo anterior, aprendió a realizar hechizos, baños, rituales y amuletos para la protección. Ahora, es el momento de abordar los asuntos del corazón... y del bolsillo. El vuduista sabe que tiene el poder de manifestar estos deseos en su vida creando amuletos. Como vuduista, comprenderá que los amuletos y hechizos se basan en el poder de la intención, la belleza de la creación y la magia de lo divino. Así, dominará el arte de hacer amuletos, baños y hechizos para abrir las compuertas del amor y la abundancia en su vida.

Baño de la pasión
(Para atraer el amor hacia usted)

Materiales:
- Pétalos de rosa roja
- Aceite esencial de pachulí
- Palitos de canela o aceite esencial de canela
- Un paño rojo
- Una foto u objeto personal de la persona que desea atraer
- 7 velas rojas
- Un cuenco

Pasos a seguir:
1. Empiece encendiendo las velas y colocándolas en círculo alrededor del cuenco.
2. Añada los pétalos de rosa roja, unas gotas de aceite esencial de pachulí y una rama de canela o unas gotas de aceite esencial de canela al cuenco de agua caliente.
3. Coloque el cuenco sobre la tela roja que tiene delante.
4. Sostenga en sus manos la foto o el objeto personal de la persona que desea atraer y concéntrese en su intención de atraer su amor.
5. Llame a la Lwa del amor y la pasión, Ezili Freda, y pídale ayuda para atraer el amor de esa persona a su vida.
6. Invoque a sus antepasados y pídales su guía y protección.
7. Una vez que sienta que la foto o el objeto personal se ha cargado, retírelo del cuenco y séquelo.
8. Métase en la bañera y sumérjase durante al menos 20 minutos mientras medita sobre su intención y afirmaciones positivas.
9. Vierta el agua restante de la bañera sobre las velas para apagarlas.

Hechizo de la fuente del amor propio

Materiales:
- Una vela roja o rosa
- Pétalos de rosa
- Aceite de lavanda
- Miel
- Un espejo pequeño
- Tela roja o rosa
- Cinta roja o rosa
- Un trozo de papel y un bolígrafo

Pasos:
1. Empiece encendiendo la vela y colocándola delante de usted.
2. Escriba afirmaciones de amor propio en el trozo de papel, como *"Me quiero y me acepto tal y como soy"* o *"Irradio amor y confianza"*.
3. Colóquese el espejo frente a la cara y recite las afirmaciones en voz alta.
4. Moje el dedo en la miel y unte la vela con ella, diciendo: "Soy dulce, merecedora y amada".
5. Espolvoree pétalos de rosa alrededor de la vela y rocíe sobre ellos unas gotas de aceite de lavanda.
6. Doble el papel con sus afirmaciones y colóquelo debajo de la vela.
7. Envuelva la vela, el papel y los pétalos en la tela roja o rosa y ciérrela con la cinta.
8. Sujete el amuleto contra su corazón y diga: *"Soy digna de amor y me quiero a mí misma"*.
9. Pida a la Lwa del amor, Erzulie Freda, sus bendiciones y su ayuda en su viaje hacia el amor propio.
10. Conserve el amuleto en su persona o en un lugar seguro como recordatorio de sus intenciones de amor propio.

Hechizo del dibujo del amor

Materiales:
- Bolsa de mojo de amor roja o rosa
- Pétalos de rosa
- Palitos de canela
- Hierba gatera
- Raíz de jengibre
- Piedra caliza
- Un trozo de papel y un bolígrafo

Pasos a seguir:
1. Empiece escribiendo en un papel las cualidades que desea en una pareja.
2. Llene la bolsa de mojo con pétalos de rosa, canela en rama, hierba gatera y raíz de jengibre.
3. Coloque la piedra lunar en el centro de las hierbas.
4. Doble el papel con las calidades que desee y colóquelo en la bolsa de mojo.
5. Sostenga la bolsa de mojo entre las manos y recite: *"Atraigo el amor que es verdadero, puro y bueno para mí"*.
6. Pida a la Lwa del amor y la atracción, Erzili Dantor, su ayuda para manifestar sus deseos.
7. Mantenga la bolsa de mojo en su persona o en un lugar seguro, concentrándose en sus intenciones de amor y manteniendo el corazón abierto.

Hechizo del hogar amoroso

Materiales:

- Velas rosas o rojas (una por cada miembro del hogar)
- Aceite de vainilla
- Miel
- Un cuenco de sal
- Un trozo de papel y un bolígrafo

Pasos a seguir:

1. Empiece encendiendo una vela rosa o roja por cada miembro de la familia.
2. Escriba el nombre de cada miembro en el trozo de papel y colóquelo en el cuenco de sal.
3. Unja cada vela con una gota de aceite de vainilla y un chorrito de miel, diciendo: *"Que el amor y la armonía llenen nuestro hogar".*
4. Encienda cada vela y espolvoree una pizca de sal sobre la llama, diciendo: *"Que la negatividad y la discordia sean desterradas de nuestro hogar".*
5. Tómese de las manos con los miembros de su familia mientras arden las velas y recite una oración o afirmación por el amor y la unidad.
6. Pida a los Lwa que ha elegido sus bendiciones y protección sobre su hogar.
7. Deje que las velas se consuman por completo o apáguelas con un apagavelas, pero nunca las sople.
8. Deshágase de la sal y el papel enterrándolos fuera de su casa.

Nota: Es importante realizar este hechizo con el consentimiento y la participación de todos los miembros del hogar.

Amuleto de la oportunidad dorada

Materiales:

- Una pequeña moneda o amuleto dorado
- Una bolsa de cordón verde o dorada
- Palitos de canela
- Hojas de laurel
- Clavo de olor
- Bayas de pimienta de Jamaica

Pasos:

1. Empiece invocando al Lwa de la prosperidad, Ayizan, e invoque a sus antepasados para que le guíen y le den su bendición.
2. Sostenga la moneda o amuleto dorado en sus manos y visualícese recibiendo abundancia y oportunidades financieras.
3. Introduzca la moneda o amuleto en la bolsa de cordón verde o dorada.
4. Añada las ramas de canela, las hojas de laurel, los clavos y las bayas de pimienta de Jamaica.
5. Cierre la bolsa y agítela suavemente, diciendo: *"Las oportunidades vienen hacia mí; la prosperidad está aquí para quedarse"*.
6. Lleve el amuleto consigo o guárdelo en un lugar seguro de su casa u oficina.

Amuleto del camino de la prosperidad

Materiales:
- Una bolsita o paño verde
- Un billete de dólar u otra moneda
- Hojas de menta
- Alfalfa
- Cristal de pirita
- Un pequeño amuleto o baratija dorada

Pasos:
1. Empiece invocando a Damballa y llamando a sus antepasados para que le guíen y le bendigan.
2. Coloque el billete de un dólar o la moneda en el centro de la tela o bolsita verde.
3. Añada las hojas de menta y la alfalfa.
4. Coloque el cristal de pirita encima del billete de un dólar o moneda.
5. Añada el pequeño amuleto o baratija de color dorado.
6. Ate el paño o la bolsita con una cinta o cordón dorado, diciendo: *"La riqueza y la prosperidad vienen hacia mí, bendiciones para mí todos los días".*
7. Guarde el amuleto con usted o colóquelo en un lugar destacado de su casa u oficina.

Amuleto del éxito y la prosperidad

Materiales:
- Una bolsita roja o dorada
- Tres ramas de canela
- Bayas de pimienta de Jamaica
- Hojas de laurel
- Un trocito de cristal de citrino

Pasos:
1. Empiece invocando al Lwa de la oportunidad, Papa Legba, y pidiendo a sus antepasados su guía y bendiciones.
2. Coloque las ramas de canela, las bayas de pimienta de Jamaica y las hojas de laurel en la bolsa roja o dorada.
3. Añada el cristal citrino a la bolsa.
4. Sostenga la bolsa en sus manos y visualícese alcanzando el éxito y la prosperidad en su negocio o carrera.
5. Ate la bolsa con una cinta o cordón rojo o dorado, diciendo: *"El éxito y la prosperidad vienen hacia mí; bendiciones para mí todos los días".*
6. Guarde el amuleto con usted o colóquelo en un lugar destacado de su oficina o espacio de trabajo.

Baño de la fortuna dorado

Materiales:

- Hojas de laurel
- Palitos de canela
- Flores secas de manzanilla
- Purpurina dorada
- Miel
- Leche de coco
- Vela amarilla
- Bañera

Pasos:

1. Encienda la vela amarilla y colóquela cerca de la bañera.
2. Añada al agua de la bañera un puñado de hojas de laurel, unas ramitas de canela y una pequeña cantidad de flores secas de manzanilla.
3. Añada una pizca de purpurina dorada y una cucharada de miel al agua de la bañera.
4. Vierta una lata de leche de coco y mézclelo todo.
5. Sumérjase en la bañera visualizándose rodeado de luz dorada y abundancia.
6. Invoque a la Lwa de la prosperidad, Erzili Freda, diciendo: *"Erzili Freda, por favor, bendíceme con tu amor y abundancia".*
7. Invoque a sus antepasados diciendo: "Antepasados, por favor, guíenme y protéjanme en mi camino hacia la prosperidad".

Baño de los negocios afortunados

Materiales:
- Bolsitas de té verde
- Hojas secas de albahaca
- Romero seco
- Purpurina verde
- Aceite de pachulí
- Vela verde
- Bañera

Pasos:
1. Encienda la vela verde y colóquela cerca de la bañera.
2. Añada al agua de la bañera 2-3 bolsitas de té verde, un puñado de hojas secas de albahaca y unas ramitas secas de romero.
3. Añada una pizca de purpurina verde y unas gotas de aceite de pachulí al agua de la bañera.
4. Sumérjase en la bañera visualizando el éxito y la abundancia en su negocio o carrera.
5. Invoque a Papa Legba diciendo: *"Papa Legba, por favor, abre las puertas del éxito y la prosperidad en mi negocio/carrera".*
6. Invoque a sus antepasados diciendo: *"Antepasados, por favor, guíenme y protéjanme en mi camino hacia el éxito financiero".*

Baño de la prosperidad

Materiales:

- Lavanda seca
- Flores secas de manzanilla
- Miel
- Vela blanca
- Bañera

Pasos:

1. Encienda la vela blanca y colóquela cerca de la bañera.
2. Añada un puñado de lavanda seca y una pequeña cantidad de flores secas de manzanilla al agua de la bañera.
3. Añada una cucharada de miel al agua de la bañera.
4. Sumérjase en la bañera, visualizando abundancia y prosperidad para la persona a la que desea ayudar.
5. Invoque a Loco diciendo: *"Loco, por favor, bendice a (nombre de la persona) con abundancia y prosperidad".*
6. Invoque a sus antepasados diciendo: *"Antepasados, por favor, guíen y protejan a (nombre de la persona) en su camino hacia la prosperidad".*

Cómo elaborar sus propios rituales

Los rituales vudú son una práctica poderosa y sagrada que requiere una cuidadosa preparación y ejecución. Para crear un ritual exitoso y eficaz, es importante comprender la estructura general que siguen la mayoría de los rituales vudú. Los rituales vudú suelen dividirse en cuatro etapas:

- Preparación
- Invocación
- Posesión
- Despedida

La primera etapa, la preparación, es crucial para el éxito del ritual. Durante esta etapa, el practicante reunirá todos los materiales que necesite para el ritual, incluyendo hierbas, velas y otras herramientas. También prepararán el espacio físico donde tendrá lugar el ritual. Esto puede implicar montar un altar u otro espacio sagrado y limpiar y purificar la zona para eliminar cualquier energía o entidad negativa.

En la segunda etapa, la invocación, el practicante invoca a los espíritus y deidades para que le ayuden en su trabajo. Esto suele hacerse mediante oraciones, invocaciones y ofrendas, como comida o bebida. Durante esta etapa, el practicante también puede hacer peticiones o ruegos a los espíritus o deidades para obtener resultados específicos o bendiciones.

En la tercera etapa, la posesión, el practicante puede entrar en estado de trance y ser poseído por los espíritus o deidades. Esta puede ser una experiencia poderosa y transformadora, que permite al practicante obtener percepciones y recibir orientación de los espíritus. Durante la posesión, el practicante puede hablar en lenguas, bailar o expresar físicamente la presencia de los espíritus. En sus rituales personales, esto puede ser simplemente que sienta la energía de los Lwa en su interior y a su alrededor.

En la etapa final, el practicante se despide de los espíritus y deidades y los libera del espacio físico. Esto puede implicar ofrecer agradecimiento y gratitud por su ayuda y limpiar y purificar de nuevo la zona para eliminar cualquier energía o entidad persistente. Es importante tener en cuenta que no todos los rituales vudú seguirán esta estructura exacta y que los distintos practicantes pueden tener sus propias variaciones y métodos. Sin embargo, comprender la estructura general puede proporcionarle un marco útil para crear sus propios rituales o participar en los dirigidos por otros.

Además de las cuatro etapas, también es importante tener en cuenta la intención y la energía que hay detrás del ritual. El practicante debe abordar el ritual con una intención clara y centrada y creer firmemente en el poder de los espíritus y las deidades para que le ayuden en su trabajo. También deben ser respetuosos y conscientes de los espíritus y las deidades, ofreciendo gratitud y honor por su ayuda.

Glosario

En el vudú, se necesitan ciertos materiales para poder llevar a cabo los hechizos, venerar a los antepasados, a los Lwa y para hacer magia. Estos materiales suelen ser hierbas y raíces, velas y aceites. Necesitará conocer el significado espiritual de cada uno de estos artículos, y por eso se ha escrito este glosario para ofrecerle precisamente esa información.

Hierbas y raíces

Raíz de angélica - proporciona fuerza, protección y buena suerte. Se utiliza en hechizos de protección y curación.

Anís - aporta protección, purificación y habilidades psíquicas. Se utiliza en hechizos de adivinación y protección.

Albahaca - atrae la prosperidad, el amor y la paz. Se utiliza en hechizos de amor y dinero.

Hoja de laurel - proporciona protección, purificación y éxito. Se utiliza en hechizos de protección y deseos.

Cimífuga racemosa - aporta poder, fuerza y protección. Se utiliza en hechizos para romper maleficios y de protección.

Raíz de cálamo - trae suerte, dinero y curación. Se utiliza en hechizos para el éxito y la buena fortuna.

Alcanfor - repele la negatividad y el mal. Se utiliza en hechizos de purificación y protección.

Canela - atrae el éxito, la prosperidad y el amor. Se utiliza en hechizos de dinero y amor.

Clavo - proporciona protección, curación y amor. Se utiliza en hechizos de protección y amor.

Raíz de consuelda - aporta seguridad, protección y curación. Esto se utiliza en hechizos de seguridad y protección.

Sangre de dragón - aumenta el poder y el éxito. Se utiliza en hechizos de protección y fortalecimiento.

Eucalipto - aporta curación y purificación; se utiliza en hechizos de curación y limpieza.

Hinojo: potencia las capacidades psíquicas y aporta protección. Se utiliza en hechizos de adivinación y protección.

Incienso - aporta protección, purificación y crecimiento espiritual. Se utiliza en hechizos de purificación y protección.

Raíz de galanga - trae buena suerte, amor y protección y se utiliza en hechizos de amor y protección.

Jengibre - aumenta el poder y el éxito y se utiliza en hechizos para el éxito y la buena fortuna.

Baya de espino blanco - proporciona protección, purificación y buena suerte y se utiliza en hechizos de protección y curación.

Hisopo - aporta purificación y protección y se utiliza en hechizos de purificación y protección.

Jazmín - potencia las capacidades psíquicas y el amor y puede utilizarse en hechizos de amor y adivinación.

Bayas de enebro - aporta purificación y protección y puede utilizarse en hechizos de purificación y protección.

Lavanda - aporta calma, amor y purificación y se utiliza en hechizos de amor y purificación.

Toronjil - aporta amor y éxito y se utiliza en hechizos de amor y éxito.

Hierba limón - aporta purificación, amor y curación y se utiliza en los hechizos de purificación y amor.

Raíz de regaliz - aumenta el poder y el éxito y se utiliza a menudo en hechizos para el éxito y la buena fortuna.

Raíz de mandrágora: aumenta el poder y la protección y se utiliza en hechizos de protección y fortalecimiento.

Menta - aporta prosperidad, curación y protección y se utiliza en hechizos de dinero y curación.

Artemisa - potencia las capacidades psíquicas y aporta protección y se utiliza a menudo en hechizos de adivinación y protección.

Mirra - proporciona purificación, protección y crecimiento espiritual y se utiliza en hechizos de purificación y protección.

Ortiga - aporta protección, curación y purificación y se utiliza en hechizos de protección y curación.

Cáscara de naranja - potencia el amor y trae buena suerte y se utiliza en hechizos de amor y suerte.

Pachulí: aumenta el amor, la prosperidad y la protección y se utiliza en hechizos de amor y dinero.

Menta piperita - aporta prosperidad, curación y protección y se utiliza en hechizos de dinero y curación.

Pino - aporta purificación, protección y curación y puede utilizarse en hechizos de purificación y curación.

Pimienta roja - aporta protección y buena suerte y se utiliza a menudo en hechizos de protección y dinero.

Rosa - potencia el amor y trae curación y se suele utilizar en hechizos de amor y curación.

Romero - aporta purificación, protección y amor y se utiliza en hechizos de purificación y amor.

Sándalo - potencia la espiritualidad, aporta calma y claridad, y se utiliza en hechizos de meditación y purificación.

Raíz de zarzaparrilla - proporciona protección y aumenta la potencia sexual y se utiliza a menudo en hechizos de protección y amor.

Raíz de sello de Salomón - aporta protección y curación y puede utilizarse en hechizos de protección y curación.

Hierba de San Juan - aporta felicidad, protección y purificación. Puede utilizarse en hechizos de protección y purificación.

Tomillo - aporta purificación, valor y habilidades psíquicas. Se utiliza en hechizos de purificación y coraje.

Raíz de valeriana - potencia el amor, aporta calma y sueño, y puede utilizarse en hechizos de amor y sueño.

Verbena - potencia la espiritualidad, aporta protección y purificación, y se utiliza en hechizos de purificación y protección.

Vetiver - potencia el amor y aporta enraizamiento y protección; se utiliza a menudo en hechizos de amor y protección.

Salvia blanca - aporta purificación y protección y puede utilizarse en hechizos de purificación y protección.

Ajenjo: mejora las capacidades psíquicas y aporta protección, puede utilizarse en hechizos de adivinación y protección.

Milenrama - aporta coraje, protección y amor - se utiliza a menudo en hechizos de coraje y amor.

Yerba Santa - aporta purificación, curación y protección y se utiliza en hechizos de purificación y curación.

Raíz de yuca - aumenta el poder espiritual, aporta protección y prosperidad, se utiliza en hechizos de protección y dinero.

Nota: En el vudú, las hierbas y raíces desempeñan un papel importante en la práctica de la magia, ya que se cree que poseen propiedades espirituales que pueden ayudar en los hechizos y rituales. Las hierbas y raíces enumeradas anteriormente tienen diferentes significados espirituales, funciones y usos en los hechizos. Algunas se utilizan para la protección, la purificación y la curación, mientras que otras se emplean para el amor, la prosperidad y el éxito. Cuando se utilizan hierbas y raíces en los hechizos, es esencial comprender sus propiedades y cómo pueden incorporarse al hechizo. Algunas hierbas pueden quemarse, prepararse en té, llevarse en una bolsita o utilizarse en un baño. La elección de la hierba o raíz que utilice también puede depender del objetivo del hechizo y ser relevante para el Lwa o antepasado concreto que se invoque. Es importante tener en cuenta que, aunque las hierbas y raíces pueden ser potentes ayudas en hechizos y rituales, no sustituyen al asesoramiento médico o legal profesional. El vudú es una práctica espiritual poderosa y compleja, y debe abordarse con respeto, comprensión y precaución.

Aceites

Aceite de almizcle africano - aporta protección, amor y prosperidad y se utiliza en hechizos de amor y dinero.

Aceite de pimienta de Jamaica - aumenta el poder y el éxito y puede utilizarse en hechizos para el éxito y la buena fortuna.

Aceite de ámbar - proporciona protección y atrae el amor. Por ello, se utiliza en hechizos de protección y amor.

Aceite de anís - aporta purificación, habilidades psíquicas y protección. Se utiliza en hechizos de adivinación y protección.

Aceite de albahaca - atrae la prosperidad, el amor y la paz. A menudo se utiliza en hechizos de amor y dinero.

Aceite de bayas de laurel - atrae la prosperidad y la abundancia. Se utiliza en hechizos de dinero y prosperidad.

Aceite de benjuí - proporciona purificación, protección y crecimiento espiritual. Se utiliza en hechizos de purificación y protección.

Aceite de pimienta negra - aporta protección, purificación y éxito. Se utiliza en hechizos de protección y éxito.

Aceite de cálamo - trae buena suerte, dinero y curación y se utiliza en hechizos de éxito y buena fortuna.

Aceite de alcanfor - repele la negatividad y el mal y se utiliza en hechizos de purificación y protección.

Aceite de cardamomo - potencia el amor y trae buena suerte y se utiliza en hechizos de amor y suerte.

Aceite de madera de cedro - aporta purificación, protección y curación y se utiliza en hechizos de purificación y curación.

Aceite de manzanilla - aporta amor y purificación y se utiliza en hechizos de amor y purificación.

Aceite de canela - aporta éxito, prosperidad y amor y se utiliza en hechizos de dinero y amor.

Aceite de citronela - repele la negatividad y el mal y se utiliza en hechizos de purificación y protección.

Aceite de clavo - aporta protección, curación y amor y se utiliza a menudo en hechizos de protección y amor.

Aceite de coco - aporta purificación, protección y éxito y se utiliza en hechizos de purificación y éxito.

Aceite de eucalipto - aporta curación y purificación, por lo que se utiliza en hechizos de curación y limpieza.

Aceite de incienso - proporciona protección, purificación y crecimiento espiritual y se utiliza en hechizos de purificación y protección.

Aceite de gardenia - potencia el amor y aporta éxito, por lo que se utiliza a menudo en hechizos de amor y éxito.

Aceite de jengibre - potencia el poder y el éxito y se utiliza en hechizos para el éxito y la buena fortuna.

Aceite de pomelo - aporta purificación y curación, por lo que se utiliza en hechizos de purificación y curación.

Aceite de jazmín - potencia las capacidades psíquicas y el amor y puede utilizarse en hechizos de amor y adivinación.

Aceite de lavanda - aporta calma, amor y purificación y a veces se utiliza en hechizos de amor y purificación.

Aceite de hierba limón - aporta purificación, amor y curación y se utiliza en hechizos de purificación y amor.

Aceite de lima - aporta purificación y protección y se utiliza en hechizos de purificación y protección.

Aceite de loto - potencia el crecimiento espiritual y aporta amor y se utiliza en hechizos espirituales y de amor.

Aceite de magnolia - potencia el amor y trae buena suerte y se utiliza en hechizos de amor y suerte.

Aceite de Mirra - proporciona purificación, protección y crecimiento espiritual y se utiliza en hechizos de purificación y protección.

Aceite de neroli - potencia el amor y aporta purificación. Se utiliza en hechizos de amor y purificación.

Aceite de naranja - aporta purificación y potencia el amor. Se utiliza en hechizos de purificación y amor.

Aceite de pachulí - potencia el amor, la prosperidad y la protección y se utiliza a menudo en hechizos de amor y dinero.

Aceite de menta - aporta prosperidad, curación y protección. Se utiliza en hechizos de dinero y sanación.

Aceite de pino - aporta purificación, protección y curación. Se utiliza en hechizos de purificación y curación.

Aceite de rosas - mejora el amor y aporta curación. Se utiliza en hechizos de amor y curación.

Aceite de romero - aporta purificación, protección y amor y se utiliza a menudo en hechizos de purificación y amor.

Aceite de ruda - proporciona protección, purificación y curación y se utiliza en hechizos de protección y purificación.

Aceite de sándalo - potencia el crecimiento espiritual, la protección y la curación y se utiliza en hechizos espirituales y de curación.

Aceite de menta verde - aporta curación y purificación y puede utilizarse en hechizos de curación y purificación.

Aceite de hierba dulce - potencia el crecimiento espiritual y aporta purificación y se utiliza en hechizos espirituales y de purificación.

Aceite de mandarina - potencia el amor y aporta purificación, por lo que se utiliza en hechizos de amor y purificación.

Aceite del árbol del té - aporta curación y protección y se utiliza en hechizos de curación y protección.

Aceite de tomillo - potencia las capacidades psíquicas y aporta purificación, por lo que se utiliza en hechizos de adivinación y purificación.

Aceite de vainilla - mejora el amor y trae buena suerte y se utiliza en hechizos de amor y suerte.

Aceite de vetiver - potencia la protección, la purificación y la conexión a tierra. Se utiliza en hechizos de protección y purificación.

Aceite de glicinia - potencia las capacidades psíquicas y trae el éxito. Se utiliza en hechizos de adivinación y éxito.

Aceite de milenrama - potencia las capacidades psíquicas y atrae el amor. Se utiliza a menudo en los hechizos de adivinación y de amor.

Aceite de ylang - potencia el amor y aporta purificación. Se utiliza en hechizos de amor y purificación.

Aceite de zedoary - aporta purificación y mejora las capacidades psíquicas. Se utiliza en hechizos de purificación y adivinación.

Tenga en cuenta que estos aceites y sus correspondientes significados espirituales, funciones y usos pueden variar según el practicante y la tradición del vudú. Es importante investigar siempre y consultar con un practicante experimentado y de confianza antes de utilizar cualquier aceite o realizar cualquier hechizo.

Velas

Las velas son una herramienta importante en los rituales y hechizos vudú. A menudo se utilizan para centrar la intención del practicante y proporcionar una representación física de la energía dirigida hacia un objetivo o resultado concreto. El color de la vela utilizada en un hechizo puede desempeñar un papel importante en su eficacia, ya que cada color está asociado a una intención o energía particular. He aquí algunos colores de velas habituales en el vudú, junto con sus significados y usos espirituales:

Blanco: pureza, claridad, curación y protección. Las velas blancas pueden utilizarse para cualquier propósito, ya que representan la forma de energía más pura y neutra.

Negras: destierro, protección y ruptura de maldiciones. Las velas negras se utilizan a menudo en hechizos para eliminar la energía negativa o proteger contra el mal.

Rojo: amor, pasión, fuerza y coraje. Las velas rojas pueden utilizarse en hechizos relacionados con el amor romántico, así como para aumentar el poder y la confianza personales.

Rosa: amor, amistad y curación emocional. Las velas rosas se utilizan a menudo en hechizos relacionados con la curación emocional, el amor propio y la amistad.

Azul: calma, comunicación y curación. Las velas azules pueden utilizarse en hechizos relacionados con la comunicación clara, la tranquilidad y la curación emocional.

Verde: abundancia, prosperidad y crecimiento. Las velas verdes pueden utilizarse en hechizos relacionados con el dinero, el éxito y el crecimiento personal.

Amarillo: claridad, intelecto y creatividad. Las velas amarillas pueden utilizarse en hechizos relacionados con la claridad mental, la concentración y la creatividad.

Violeta: poder espiritual, intuición y habilidades psíquicas. Las velas violetas pueden utilizarse en hechizos relacionados con el crecimiento espiritual, las capacidades psíquicas y la intuición.

Naranja: energía, entusiasmo y éxito. Las velas naranjas pueden utilizarse en hechizos relacionados con el éxito, el entusiasmo y el aumento de energía.

Además de los diferentes colores, también hay diferentes tipos de velas utilizadas en el vudú. Algunos practicantes prefieren utilizar velas de cera de abeja, ya que se consideran más naturales y potentes que otros tipos de velas. Algunos también prefieren utilizar velas cónicas, que pueden tallarse con símbolos o inscripciones relacionadas con el resultado que se pretende obtener con el hechizo.

Descargo de responsabilidad: Haga lo que haga, le rogamos que no ingiera aceites ni hierbas, ya que pueden ser peligrosos. Cuando se aplique aceite en la piel, por favor haga primero una prueba de parche aplicando una pequeña cantidad en la parte interna de su muñeca y luego espere un día para ver si tiene alguna reacción adversa. Tenga en cuenta que debe mantener sus hierbas, raíces y aceites fuera del alcance de los niños y las mascotas para que no se hagan daño. Guárdelas en un lugar seguro donde solo usted pueda alcanzarlas.

Conclusión

Ha llegado al final de "Vudú para principiantes - Una guía sobre el vudú de Nueva Orleans, el vudú haitiano y el hudú". Gracias por tomarse el tiempo de leer este libro y explorar el rico y fascinante mundo del vudú. A lo largo de este libro, ha logrado comprender la historia, las creencias, las prácticas y las tradiciones del vudú. Ha aprendido las diferencias entre el vudú de Nueva Orleans, el vudú haitiano y el hudú y cómo cada una de estas prácticas puede utilizarse para ayudarle a alcanzar sus deseos y objetivos.

Ha descubierto la importancia de conectar con los ancestros y los espíritus y cómo trabajar con ellos para manifestar cambios positivos en su vida. Recuerde que los principios básicos del vudú son la fe, el respeto y la gratitud. Cuando se acerque a esta práctica con la mente y el corazón abiertos y con la intención de ayudarse a sí mismo y a los demás, se verá recompensado con poderosas experiencias espirituales y conexiones significativas.

Cuando empiece a incorporar las prácticas y rituales del vudú a su vida cotidiana, recuerde que la constancia y la dedicación son la clave. Cuanto más practique, más fuerte será su conexión con los espíritus y los antepasados, y más eficaces serán sus hechizos y rituales. También es importante que continúe sus estudios y busque la orientación de quienes llevan practicando más tiempo que usted. Asista a ceremonias y eventos vudú locales y conecte con otras personas que compartan su interés por esta práctica espiritual. Siempre hay más que aprender; buscando nuevos conocimientos y experiencias, seguirá creciendo y evolucionando en su práctica.

Por último, recuerde que el vudú es una poderosa herramienta de crecimiento y transformación personal, pero no sustituye a la ayuda profesional. Supongamos que experimenta graves problemas de salud física, emocional o mental. En ese caso, es importante buscar el consejo y la orientación de un profesional médico o de salud mental cualificado. Para terminar, que siga explorando esta fascinante y poderosa práctica espiritual con la mente y el corazón abiertos, y que los espíritus y los ancestros le guíen y bendigan en su camino.

Segunda Parte: Vudú de Nueva Orleans

Guía esencial del vudú de Luisiana

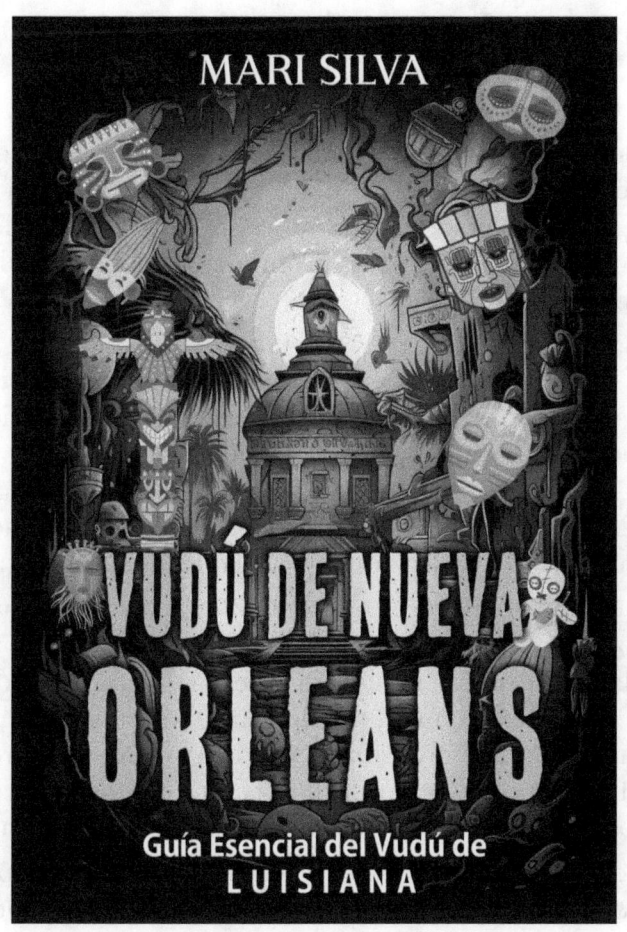

Introducción

El vudú de Nueva Orleans es una práctica que ha estado rodeada de misterio y conceptos erróneos durante años. Es desafortunado que, para muchos, el término vudú evoque imágenes de magia negra y sacrificios humanos, pero la realidad es que el vudú de Nueva Orleans es una compleja tradición espiritual con profundas raíces en la historia y la cultura de Luisiana.

En esta guía esencial sobre el vudú de Luisiana, se conoce en profundidad esta práctica poderosa y a menudo incomprendida. Este libro es perfecto, tanto para los principiantes que se están iniciando en la poderosa práctica del vudú de Nueva Orleans, como para aquellos que tienen algún conocimiento del vudú y quieren profundizar en su exploración. Este libro está escrito con un estilo claro y accesible que facilita la comprensión y el seguimiento de las distintas prácticas y rituales.

Hay muchos libros sobre el tema, pero se alegrará de haber elegido este. Se diferencia de otras guías similares por su enfoque práctico. En lugar de limitarse a explicar la historia y las creencias del vudú de Nueva Orleans, este libro incluye instrucciones paso a paso y consejos prácticos para participar en los distintos rituales y prácticas. Desde la creación de su propio altar hasta la realización de una ceremonia de curación vudú, el lector tiene todo lo que necesita para iniciar su propia práctica vudú.

Otro aspecto único de este libro es que se centra en el papel de Nueva Orleans en el desarrollo y la difusión del vudú. Esta ciudad ha sido durante mucho tiempo un centro de prácticas espirituales y desempeña un papel vital en la preservación y evolución del vudú en América. El libro se adentra en la historia de Nueva Orleans y sus diversas tradiciones espirituales, mostrando cómo el vudú encaja en este rico tapiz.

El lector encontrará los diversos espíritus y deidades fundamentales del vudú de Nueva Orleans. Entre ellos se encuentran los poderosos Loa, o espíritus, a los que se puede invocar en busca de guía, protección y curación. El libro explica los diferentes tipos de Loa y sus funciones dentro de la tradición vudú y proporciona orientación sobre cómo trabajar con ellos.

Si siempre ha querido conectar con lo Divino, profundizar sus raíces en la espiritualidad para vivir una vida con propósito y claridad, entonces este es definitivamente el camino para usted. No es para quienes solo buscan «moldear» sus vidas para que encajen con lo que consideran «estético». Es para quienes quieren conocer los caminos antiguos, las verdades divinas y las formas naturales de vivir en armonía con los demás. Leer este libro permite descubrir esto y mucho más. Si está listo para su nuevo viaje espiritual, empecemos.

Capítulo 1: ¿Qué hace diferente al vudú de Nueva Orleans?

Creencias

África Occidental es la cuna de donde surgió el vudú. La propia palabra *vudú* surgió en Luisiana en 1850 y se considera un derivado de la palabra francesa *voudou*. Algunos dicen que procede de la palabra *vodu*. Puede encontrarla deletreada de otras formas, como vodun, vodou, etc.

Por muchas razones, los no iniciados o ignorantes consideran que el vudú es una práctica de magia negra. Decir la palabra «*vudú*» trae inmediatamente a la mente cosas como maldecir a la gente o clavar alfileres en un muñeco. Pero esto no es más que una tergiversación. El vudú consiste en ser consciente de que todas las cosas y todas las personas están hechas de la misma esencia o espíritu. Por lo tanto, todo está conectado.

Aunque el vudú procede de África Occidental, tiene sus raíces en el catolicismo. Como religión sincrética, es una mezcla de sistemas de creencias procedentes de la Iglesia católica y de las costumbres *vodu* del África occidental. Una de las ideas fundamentales del vudú es que los humanos viven en un mundo con espíritus a su alrededor. Los humanos no somos los únicos. Hay espíritus conocidos como Loa o Lwa, así como los antepasados y los ángeles, todos los cuales habitan los mundos que no se perciben a simple vista. Estos espíritus son tan numerosos que solo los Loa son más de mil, algunos más conocidos que otros, y pueden dividirse en 17 panteones.

El vudú tiene sus raíces en el catolicismo[14]

Según el vudú, todos los espíritus habitan en Ginen, y todos fueron creados por Bondye, el Ser Supremo, que creó todas las cosas visibles e invisibles. El propósito de estos espíritus es simple. Se supone que actúan como ayudantes de Bondye, ocupándose de los asuntos del mundo exterior. No solo eso, sino que nadie más aparte de estos espíritus puede interactuar directamente con Bondye. Por lo tanto, si tiene alguna petición o rezo, debe pasar por los Loa. Esto no se debe a que a Bondye no le importe, sino simplemente a que la esencia de Bondye es tan diferente de la humanidad que la única forma de comunicarse de forma clara y precisa con él es a través de los Loa.

La práctica del vudú no es algo que se hace de vez en cuando. Es un estilo de vida, una toma de conciencia de que cada día está dedicado al servicio de los Loa. Este servicio implica muchas prácticas, como ritos, rituales, oraciones especiales, ofrendas y mucho más. Todo ello tiene por objeto conseguir que los Loa se involucren en sus asuntos diarios tanto como sea posible, para que lo bendigan, le ayuden a resolver problemas, lo mantengan seguro y sano y mucho más. Quienes practican el vudú bailan y cantan en honor de los Loa, y también entran en estados alterados de conciencia en los que los propios Loa los poseen y los utilizan para transmitir mensajes o simplemente para demostrar su presencia. La posesión también permite que quienes practican el vudú reciban consejos específicos cuando los necesitan.

El vudú es un sistema de creencias religiosas arraigado en la espiritualidad y considera que los ancestros son un aspecto importante de la vida. Antes de analizar qué diferencia al vudú de Nueva Orleans de otras formas de vudú, es importante tener una idea clara de los antecedentes de este sorprendente movimiento espiritual. A continuación, se ofrece una inmersión profunda en la historia y la cultura que condujeron al desarrollo del vudú de Nueva Orleans tal y como se conoce hoy en día.

Antecedentes históricos y culturales

Las raíces del vudú de Luisiana están rodeadas de misterio. En el año 1699, algunos franceses llegaron a la zona y se establecieron. Unos veinte años más tarde, llegaron africanos esclavizados. Las cosas permanecieron relativamente iguales durante más de cuarenta años, hasta que el Imperio Español tomó el relevo. Mantuvieron las riendas del poder hasta 1803. En esta época, se produjo un sincretismo entre el catolicismo que practicaban españoles y franceses, así como de las religiones de quienes habían sido esclavizados en África Occidental, y este fue el terreno fértil del que brotó el vudú.

Todas las personas obligadas a abandonar África Occidental conocían muchos venenos, plantas, hierbas medicinales, amuletos, rituales, talismanes y mucho más. Los utilizaban para mantenerse a salvo y terminaron formando parte del vudú de Luisiana o Nueva Orleans. Cuando los franceses dominaban la región, la mayoría de los africanos procedían de la cuenca del río Senegal. En concreto, pertenecían a la tribu bambara. También había otras tribus, como los dahomey y los kongoles. Después de que los españoles arrebataran el poder a los franceses, cada vez había más kongoleses esclavizados. Naturalmente, pronto hubo muchos más esclavos que europeos blancos. Incluso antes de que llegaran los esclavos, la colonia no era precisamente un bastión de excelencia y eficacia. En consecuencia, los recién llegados del África subsahariana acabaron apoderándose de la comunidad de esclavos.

Entre 1731 y 1732, había al menos dos africanos por cada europeo. Los europeos que se dedicaban a la agricultura y al negocio de esclavos no eran tan numerosos. Una de las cosas que facilitó que los africanos no dejaran diluir su cultura fue el hecho de que los blancos se aseguraron de que nunca interactuar con ellos a menos que fuera necesario. Esto facilitó que este grupo mantuviera su cultura lo más impoluta posible. Esto fue más común en el sur de Luisiana que en el norte del estado.

Debido al catolicismo y a las leyes establecidas por los franceses, no estaba permitido vender a los hijos de los esclavos a otras familias si no tenían al menos catorce años. Al no venderlos, no los separaban, por lo que se estrechaban los lazos entre ellos, además de compartir la comprensión mutua de su condición de esclavitud.

Una parte importante del vudú de Nueva Orleans consiste en llevar amuletos y otros objetos para mantenerse a salvo de los elementos y de otras personas y curarse de cualquier enfermedad. Por ejemplo, existía el Ouanga, un potente amuleto que se utilizaba sobre un enemigo para envenenarlo. Parte de los ingredientes de este amuleto eran raíces obtenidas del árbol africano *figuier maudit*.

En el año 1803, Luisiana pasó a ser propiedad de Estados Unidos. Fue entonces cuando los africanos de Saint-Domingue se alzaron para librarse de los colonizadores franceses y convertirse en la república que hoy conocemos como Haití. Algunos huyeron de la guerra y se instalaron en Luisiana. Llegaron con todo lo que tenían, incluido el vudú haitiano, resultado del sincretismo de las prácticas religiosas yoruba y fon, además de las católicas romanas. Emigraron suficientes personas como para que la población de Nueva Orleans se duplicara; al relacionarse entre sí, muchos nacidos en Luisiana optaron por practicar el vudú. No solo eso, sino que encontraron la manera de mezclar sus prácticas con el vudú haitiano, creando el vudú de Luisiana tal y como se conoce hoy en día. En este punto de la historia del vudú de Luisiana, es importante analizar las otras ramas del vudú para evidenciar en qué se diferencian del vudú de Nueva Orleans.

Las diferentes ramas del vudú

Vudú haitiano: El vudú haitiano es quizás la forma más conocida y practicada en el mundo occidental. Es una religión sincrética que combina elementos de las religiones tradicionales de África Occidental, el catolicismo y las creencias indígenas. El vudú haitiano se caracteriza por la veneración de los ancestros, la posesión de espíritus en los rituales y el uso de tambores y danzas en las prácticas religiosas. La religión también cuenta con un complejo sistema de espíritus, conocidos como Lwa (Loa), que representan diversos aspectos del mundo natural y de la experiencia humana.

Un altar de vudú haitiano[15]

Voudou africano: El voudou africano, por su parte, es la forma más antigua y tradicional de vudú, con profundas raíces en las culturas de África Occidental. Se trata de una religión basada en la naturaleza y centrada en el culto a deidades conocidas como orishas, que representan diversos elementos y fuerzas naturales. El voudou africano subraya la importancia de la veneración de los antepasados, la curación y la adivinación. Sus rituales incluyen cantos, danzas y tambores. Sus practicantes suelen llevar trajes muy elaborados y utilizar objetos simbólicos durante las ceremonias.

Hoodoo: El hoodoo, también conocido como «trabajo de raíces», es una práctica de magia popular afroamericana que combina elementos de la espiritualidad africana con creencias cristianas. Los practicantes del hoodoo utilizan hierbas, aceites y otros ingredientes para crear pociones y amuletos con diversos fines, como el amor, la protección y el éxito. El hoodoo también incorpora a su práctica la adivinación y otras formas de magia.

Vudú de Luisiana: También llamado vudú de Nueva Orleans, esta forma se desarrolló en Nueva Orleans. El vudú de Nueva Orleans es una mezcla de tradiciones espirituales africanas, europeas y nativas americanas. Incluye el culto a los espíritus, la veneración de los ancestros y el uso de amuletos y hechizos. *En este libro aprenderá más sobre esta forma.*

Voudou brasileño: El voudou brasileño también se conoce como candomblé. Es una religión que se desarrolló en Brasil y está muy influenciada por las prácticas espirituales africanas. El voudou brasileño implica la adoración de orishas, o deidades, e incluye varios rituales y ceremonias.

Voudou dominicano: También conocido como Las 21 divisiones, el voudou dominicano es una forma de vudú practicada en la República Dominicana. El voudou dominicano implica la adoración de espíritus e incluye sus propios rituales y ceremonias.

Santería cubana: La santería cubana se denomina a veces lukumi. Se trata de una religión que se desarrolló en Cuba y que está muy influenciada por las prácticas espirituales africanas. La santería cubana rinde culto a los orishas, o deidades, e incluye una serie de rituales y ceremonias.

Cuando se trata de practicar estas formas de vudú, también entran en juego las creencias personales y, como resultado, algunas personas mezclan prácticas de las diferentes formas de vudú para manifestar lo que resuena con ellos espiritualmente.

La evolución del vudú de Nueva Orleans

Era natural que, con el tiempo, el vudú de Nueva Orleans evolucionara hasta convertirse en algo diferente, un conglomerado de creencias y prácticas de muchas tradiciones espirituales. El hoodoo, por ejemplo, es una forma de magia procedente de Sudamérica. Hoy en día se pueden encontrar claramente sus rastros en el vudú de Nueva Orleans.

El vudú de Nueva Orleans se sigue practicando porque es una verdadera forma de espiritualidad que conecta con lo divino en su interior y a su alrededor. Muchos de los que siguen este camino proceden de los practicantes de vudú originales responsables de la religión. Sin embargo, hay un número creciente de personas que no son de Nueva Orleans y no tienen ninguna conexión con el vudú, pero están muy interesadas en este camino. Algunas personas se sienten atraídas de forma natural, por lo que el vudú de Nueva Orleans sigue extendiéndose. Esto es algo maravilloso porque, en el pasado, el vudú era algo que la mayoría de la gente demonizaba. Hoy en día, mucha gente no solo lo reconoce, sino que lo acepta como una parte válida de la cultura de Nueva Orleans.

Cuando se considera toda la evolución del vudú de Nueva Orleans, es difícil ignorar el hecho de que sigue creciendo y adaptándose a los tiempos y a las creencias de los practicantes actuales. Este modo de vida espiritual es todavía una parte intrínseca de la ciudad de Nueva Orleans. Los lugareños y los visitantes aprecian todas sus prácticas, su historia y su resistencia.

Mitos, ideas falsas y mentiras malintencionadas

Es una triste verdad que, antaño, el vudú era muy menospreciado, especialmente en la cultura popular. Muchos asumían erróneamente que el vudú era lo mismo que la malvada magia negra o una cosa oscura en la que no se debía incursionar. El vilipendio del vudú no es casual. Algunos estaban profundamente interesados en desacreditar el vudú por lo que pensaban que representaba.

Una de las principales razones por las que el vudú fue tan incomprendido es su relación con el continente africano y la diáspora. A principios de los siglos XIX y XX, cuando el vudú empezó a popularizarse en Occidente, muchos tenían una actitud terrible hacia los africanos y sus culturas. Era una época en la que reinaban el racismo y la xenofobia. Mirando a través de esa lente, esas personas asumían que todo lo relacionado con el vudú era bárbaro y primitivo. Todo lo relacionado con esta práctica se consideraba ignorante. Para ellos, los practicantes del vudú eran salvajes. Por lo tanto, asegurarse de que esta religión no prosperara y se convirtiera en una mancha en sus costumbres y culturas ya establecidas y legales era muy importante para ellos.

Otro incentivo para denigrar el vudú es que está estrechamente relacionado con el espíritu de libertad, la justicia social y la rebelión contra el poder. Los colonizadores de la época temían profundamente los efectos de unificación que podía tener la práctica de esta religión. Y con razón, porque el vudú se convirtió en una herramienta para alimentar la resistencia contra la opresión y conseguir finalmente la libertad de los pueblos africanos esclavizados. Sabiendo esto, los colonialistas pusieron todos sus recursos para que esta religión fuera demonizada y así evitar que los esclavos disintieran o se resistieran a su dominio.

Las suposiciones erróneas de los ignorantes sobre el vudú son alimentadas por la forma en que Hollywood lo representa. Hollywood y la cultura popular desempeñaron un papel importante en la perpetuación de los estereotipos negativos sobre el vudú. En muchas películas y programas de televisión, el vudú se presenta como una práctica oscura y misteriosa asociada a espíritus malignos, magia negra y sacrificios humanos. Esta representación del vudú es a menudo sensacionalista y exagerada; no representa con exactitud la verdadera naturaleza de la religión.

Otra razón de la tergiversación del vudú en la cultura popular es la influencia de prejuicios religiosos y culturales. Muchas sociedades occidentales tienen una historia de demonización de las religiones no cristianas, especialmente cuando son practicadas por pueblos esclavizados o colonizados. En el caso del vudú, este prejuicio llevó a la difusión de creencias falsas y negativas sobre la religión. A pesar de estas ideas erróneas, el vudú es una religión profundamente espiritual y fortalecedora que enfatiza en el crecimiento personal, la comunidad y la conexión con el mundo natural. Sus prácticas y creencias se basan en una profunda reverencia por los ancestros, la naturaleza y lo divino. Sus rituales y ceremonias están diseñados para conectar a los practicantes con estas poderosas fuerzas espirituales.

En los últimos años ha crecido el interés por el vudú como práctica espiritual legítima. Se está intentando reivindicar su legítimo lugar como religión poderosa y transformadora. A través de la educación, el intercambio cultural y una mayor representación en los medios de comunicación, muchos practicantes están trabajando para disipar los mitos y conceptos erróneos que han dominado durante mucho tiempo las ideas sobre la religión y para celebrar su rica historia y su perdurable legado de revolución, libertad e iluminación espiritual.

Madame Laveau

Madame Laveau, la reina del vudú de Nueva Orleans, fue una poderosa figura del vudú de Luisiana. Su legado es un testimonio del poder duradero de esta tradición espiritual y de quienes la practican. Nacida en 1801, Madame Laveau fue una mujer de notable fuerza y resistencia. Se hizo famosa a principios del siglo XIX como líder de la comunidad vudú de Nueva Orleans. Su conocimiento de los rituales y prácticas del vudú no tenía parangón y sus seguidores la veneraban por su capacidad para curar a los enfermos y lanzar poderosos hechizos.

La influencia de esta poderosa mujer se extendió mucho más allá de la comunidad vudú. Era una figura respetada en la sociedad de Nueva Orleans y era conocida por sus actos de caridad y bondad. Utilizó su posición de poder para defender los derechos de los marginados y luchar contra las injusticias de la época. Madame Laveau influyó profundamente en el vudú de Luisiana. Contribuyó a dar forma a los rituales y prácticas de la tradición, y su legado sigue inspirando a los practicantes de vudú en la actualidad. Su reputación como poderosa hechicera y curandera la convirtió en una figura legendaria en el mundo del vudú, y se dice que su espíritu sigue presente en Nueva Orleans. Se puede decir que su vida y su legado son un testimonio del poder del vudú y de su capacidad para transformar vidas. Fue una verdadera pionera y visionaria, y sus contribuciones a la tradición nunca serán olvidadas.

Dr. John

El Dr. John, practicante de vudú, era conocido por sus profundas raíces en el vudú de Luisiana. Era un maestro de las artes místicas y un poderoso practicante de rituales y hechizos que constituyen el núcleo de esta compleja tradición espiritual. A través de su música, Dr. John llevó la magia y el misterio del vudú de Luisiana a un público más amplio. Impregnó sus canciones con los ritmos y conjuros de las ceremonias vudú que había presenciado y en las que había participado a lo largo de su vida. Se inspiró en las tradiciones espirituales de sus ancestros y en las enseñanzas de sus mentores para crear una expresión única y poderosa que resonó en todo el mundo.

El Dr. John era un hábil practicante de las artes vudú y gozaba del respeto de la comunidad vudú de Nueva Orleans y de otros lugares. Era conocido por realizar poderosos hechizos y curar a los enfermos y a quienes sufrían utilizando hierbas, aceites y otros remedios naturales. Además de sus contribuciones musicales y espirituales, el Dr. John fue también defensor del patrimonio cultural de Luisiana y sus gentes. Fue un defensor incansable de la conservación de las tradiciones y costumbres únicas de la región, incluido el vudú. Trabajó para garantizar que se transmitieran a las generaciones futuras.

La influencia de este hombre en el vudú de Luisiana y en el panorama cultural amplio de Nueva Orleans es inestimable. Fue un auténtico visionario y un maestro de su oficio, y su legado seguirá inspirando y guiando a la gente durante generaciones. El doctor fue una figura extraordinaria que tejió los hilos de lo místico y lo musical en un tapiz singular. Nació en Nueva Orleans (Luisiana) a principios del siglo XX y creció en el corazón de la rica cultura de la ciudad. Llegó a ser conocido como «Dr. John» en honor a un sacerdote vudú del mismo nombre que vivió en el siglo XIX. Era un maestro del piano, un auténtico «hombre de *blues*» que tocaba con alma y pasión. Impregnaba su música con los ritmos de su querida Nueva Orleans, la diáspora africana y los sonidos del bayou.

La música de Dr. John no era solo una celebración del rico patrimonio cultural de Nueva Orleans, sino también una potente expresión de la experiencia humana. Cantaba al amor, al dolor, a la alegría y a la tristeza. Era un narrador, un bardo que tejía historias de la gente y los lugares que conocía. El legado del Dr. John perdura a través de su música y de las vidas que tocó. Fue un visionario, un pionero y un ser original. Su arte fue un testimonio de la fuerza del espíritu humano y su vida, del poder transformador de la música.

Capítulo 2: Prepararse para el vudú

Puede que quiera servir a los Loa, pero una gran pregunta lo inquieta. Se pregunta si está bien simplemente levantarse y empezar a practicar vudú de inmediato, sin preparación. Bueno, lo primero que tiene que entender si realmente quiere practicar, es que debe iniciarse.

Muñecos vudú[16]

La importancia de la iniciación formal

No se exagera con la importancia de la iniciación en el vudú. Es una religión sagrada que exige un profundo respeto y reverencia. No puede tomarse a la ligera ni abordarse sin la orientación y la formación adecuadas. En el vudú, los sacerdotes y sacerdotisas se conocen como *houngans* y *mambos*, respectivamente. Estos individuos fueron iniciados en la religión y se sometieron a un riguroso proceso de formación y estudio. Poseen un profundo conocimiento de las prácticas y tradiciones del vudú y pueden guiar a los practicantes a través del proceso de iniciación.

Para encontrar verdaderos houngans y mambos, es importante investigar y ser precavido. Desgraciadamente, algunos intentan estafar a otras personas haciéndose pasar por practicantes de vudú. Estos individuos suelen hacer promesas poco realistas o pedir grandes sumas de dinero a cambio de sus servicios. Hay que desconfiar de ellos y buscar profesionales legítimos. Una forma de saber si un houngan o mambo es auténtico es buscar recomendaciones de otros practicantes o miembros de la comunidad vudú. También puede buscar a personas que lleven practicando muchos años y tengan un profundo conocimiento de las prácticas y tradiciones de la religión. Un verdadero houngan o mambo también será respetuoso y cauto en su enfoque y no prometerá resultados poco realistas.

Los requisitos para iniciarse en el vudú pueden variar según la casa o la comunidad. En general, sin embargo, implica un proceso de formación, estudio y ritual. Puede incluir el aprendizaje de la historia y las tradiciones de la religión, el desarrollo de una relación con los espíritus y los antepasados y la participación en prácticas rituales. Es un viaje profundamente personal y espiritual que requiere dedicación y compromiso. Al buscar verdaderos houngans y mambos y someterse al proceso de iniciación, desarrollará una profunda comprensión y apreciación de las prácticas y tradiciones del vudú. A través de este proceso, conectará plenamente con las poderosas fuerzas del universo y abrazará las prácticas espirituales de la religión.

El papel de la casa

En el rico y vibrante tapiz del vudú de Luisiana, los practicantes no son simplemente individuos solitarios, sino que a menudo forman parte de una comunidad mayor llamada «casa». Estas casas son familias espirituales que proporcionan a sus miembros orientación, apoyo y protección. Los practicantes se agrupan en casas según un linaje o tradición espiritual común. Cada casa tiene sus propias prácticas, rituales y creencias, que se transmiten de generación en generación. Estas casas suelen tener un patriarca o matriarca, considerado el líder espiritual que orienta a los miembros.

Formar parte de una casa tiene muchas ventajas, ya que proporciona un sentimiento de comunidad y pertenencia y permite un crecimiento y un desarrollo espiritual más profundos. Los miembros de una casa aprenden unos de otros, comparten experiencias y se apoyan mutuamente en los altibajos de la vida. Pero formar parte de una casa no consiste simplemente en socializar o tener un sentimiento de pertenencia. Es también un compromiso serio con la práctica del vudú. Las casas son responsables de garantizar que sus miembros sigan el protocolo correcto y lleven a cabo su trabajo espiritual de forma responsable y respetuosa. El papel de una casa es proporcionar a sus miembros un entorno seguro y de apoyo para la práctica del vudú y guiarles en su camino espiritual. Es un lugar de aprendizaje y crecimiento donde los practicantes desarrollan sus habilidades y obtienen una comprensión más profunda de los misterios del universo.

Convertirse en sacerdotisa o sacerdote

El vudú es una forma de vida, un camino hacia la iluminación y una llamada a lo divino. Responder a la llamada de los espíritus y convertirse en houngan o mambo no es una decisión que deba tomarse a la ligera. Requiere un profundo compromiso con la fe, la voluntad de aprender y la entrega a los misterios del universo. El camino no es fácil, pero es gratificante para quienes están llamados a él. El proceso de convertirse en houngan o mambo requiere tiempo y dedicación. No es algo que pueda apresurarse ni emprenderse a la ligera. Requiere un periodo de estudio, reflexión y contemplación bajo la guía de un sacerdote o sacerdotisa experimentado.

Los aspirantes a houngans y mambos deben someterse a una serie de iniciaciones, cada una de las cuales les acerca más a lo divino. Estas iniciaciones son complejas y muy rituales, y cada paso requiere el dominio de un nuevo conjunto de habilidades y conocimientos. A través de las iniciaciones, el houngan o mambo se conecta más profundamente con los espíritus y es más capaz de aprovechar su poder. El viaje para convertirse en houngan o mambo no puede hacerse en solitario. Requiere el apoyo de una comunidad, una casa, de compañeros practicantes que guíen y orienten al aspirante en su camino. Estas casas no son clubes sociales, sino organizaciones profundamente espirituales, cada una con sus propias tradiciones, prácticas y secretos.

El papel de una casa es proporcionar un hogar al practicante, un lugar donde desarrollar sus habilidades, aprender de los demás y recibir apoyo en su camino. Los beneficios de pertenecer a una casa son muchos: acceso a recursos, protección frente a la energía negativa y orientación por parte de practicantes experimentados. Ser llamado a convertirse en houngan o mambo no es una decisión que se tome a la ligera. Es una llamada de los espíritus, un camino hacia la iluminación y una forma de vida. Para aquellos que son llamados a ello, el viaje es difícil, pero también es uno de los caminos más gratificantes y satisfactorios que se pueden emprender.

Preparación mental

Los siguientes son consejos esenciales de preparación mental para practicar el vudú.

Pase tiempo en la naturaleza: Tómese tiempo para conectar con la naturaleza y observar sus ciclos. Preste atención a las plantas, los animales y los elementos que lo rodean. La naturaleza es un elemento esencial del vudú de Luisiana, una religión profundamente conectada con el mundo natural. Los practicantes de vudú creen que todas las cosas de la naturaleza, desde los árboles hasta los animales, están llenas de energía espiritual que puede aprovecharse y canalizarse con fines mágicos. Pasar tiempo al aire libre permite conectar con esta energía y comprender mejor los ciclos naturales que son fundamentales para la práctica del vudú.

Cuando pasa tiempo en la naturaleza, aprende a reconocer los signos del cambio de las estaciones, las fases de la luna y los ritmos de las mareas. Observe el comportamiento de animales y pájaros y aprenda a leer los mensajes que transmiten. Al sumergirse en el mundo natural, sintoniza con el flujo de energía que conecta a todos los seres vivos y desarrolla un mayor sentido de la armonía y el equilibrio en su vida.

Para un practicante de vudú, esta conexión con el mundo natural es esencial, ya que proporciona una base para el trabajo mágico. Trabajar con la energía del mundo natural permite a los practicantes de vudú aprovechar esta energía para crear un cambio positivo en sus vidas y en las vidas de quienes los rodean. Así que tómese su tiempo para conectar con la naturaleza, observar sus ciclos y aprender sus secretos. Al hacerlo, se está preparando para adentrarse en el rico y complejo mundo del vudú de Luisiana.

Practique la atención plena: Practique estar presente en el momento, observando sus pensamientos sin juzgarlos. Al cultivar la atención plena, desarrolla una conexión más profunda con los espíritus y el mundo natural.

La meditación es una forma estupenda de desarrollar esta importante habilidad, un elemento crucial del viaje espiritual que le permite observar sus pensamientos y ser consciente de lo que le rodea. A través de la meditación, puede aquietar la mente y concentrarse en la respiración, lo que le permite estar plenamente presente en cada momento de vigilia.

Esta conciencia le permite conectar con los Loa y la energía que lo rodea, abriendo el camino a experiencias espirituales más profundas.

Los siguientes son ejercicios que puede hacer para elevar su vibración y ponerse en el espacio mental y energético adecuado para practicar vudú:

Meditación con velas

1. Busque un lugar tranquilo para sentarse y encienda una vela. Asegúrese de que no haya nada alrededor que pueda prenderse.
2. Concéntrese en la llama, dejando que sus ojos se fijen en ella.
3. Deje que su respiración se vuelva profunda y lenta y mantenga su atención en la llama.
4. A medida que surjan pensamientos, reconózcalos y luego vuelva a centrarse en la llama.
5. Permanezca en este estado meditativo entre cinco y diez minutos.

Meditación del amor amable

1. Busque un lugar tranquilo y cómodo para sentarse o acostarse.
2. Concéntrese en su respiración, inhalando profundamente por la nariz y exhalando por la boca con los labios ligeramente separados.
3. Una vez que haya encontrado un estado tranquilo y centrado, concéntrese en las personas que le importan en su vida.

4. Imagine que les envía energía positiva y amor, como una luz brillante que irradia desde el centro de su corazón.
5. Amplíe el círculo de personas a las que envías amor, incluyendo a aquellas con las que tenga relaciones difíciles o incluso a personas que no conozca bien.
6. Termine la meditación volviendo a centrarse en usted mismo, imaginando la misma energía amorosa que irradia desde su interior.

Lea y estudie: Aprenda todo lo posible sobre la historia, las tradiciones y las prácticas del vudú. Esto le ayudará a comprender y apreciar mejor la religión. Para convertirse en vuduista, primero debe sumergirse en la rica historia, tradiciones y prácticas de la religión. La lectura y el estudio pueden ayudarle a comprender y apreciar mejor el vudú y a sentar las bases de su propia práctica.

Aprendiendo sobre los orígenes y la evolución del vudú, las creencias y costumbres, el simbolismo y los rituales, se puede ver la belleza y la complejidad de esta antigua religión. Estudiar el vudú también ayuda a comprender las funciones y responsabilidades de un practicante y cómo acercarse al Loa con respeto y humildad. Si lee las experiencias de otros practicantes de vudú, comprenderá mejor los retos y las recompensas de este camino y aprenderá de la sabiduría de quienes le han precedido. Recuerde, el conocimiento es poder, y armándose de conocimientos sobre el vudú, podrá prepararse mental y espiritualmente para la práctica. Con una mente abierta y un espíritu dispuesto, puede aprender y crecer en los caminos de los Loa.

Conecte con sus ancestros: Honre a sus antepasados y aprenda sobre su historia familiar. Esto ayuda a sentirse más arraigado y conectado a sus raíces. Conectar con sus ancestros es crucial en la preparación para la práctica del vudú. La veneración de los ancestros es una parte integral del vudú, y la religión hace hincapié en mantener una fuerte conexión con el propio linaje. Al conocer la historia de su familia y honrar a sus antepasados, adquiere un conocimiento más profundo de su historia personal y aprovecha el poder espiritual que emana de sus ancestros. En el vudú, se cree que los espíritus de los muertos influyen profundamente en los vivos. Los practicantes que descuidan el contacto con sus antepasados corren el riesgo de quedar aislados de esta fuente de poder espiritual. Cuidando y mejorando su relación con sus antepasados, establece una base de respeto y reverencia que le ayudará a navegar por el complejo panorama espiritual del vudú con gracia y sensibilidad.

Cultive la intuición: Practique la confianza en sus instintos y su intuición. Empiece prestando atención a su cuerpo y observe cómo responde a distintas situaciones. Fomentar su intuición es un componente fundamental de la preparación para la práctica del vudú. El vudú es una religión que valora la intuición, el instinto y el discernimiento espiritual. Cuando aprende a confiar en su intuición, está más sintonizado con la energía y el espíritu que lo rodea. Esta conciencia le ayuda en sus interacciones con los Loa, sus antepasados y el mundo que lo rodea. Prestando atención a su cuerpo, puede empezar a reconocer los signos y señales que le da. Su instinto puede alertarle de situaciones que le parezcan extrañas o peligrosas, o guiarlo hacia personas y experiencias positivas y edificantes. Esta práctica de escuchar a su cuerpo y a su intuición ayuda a desarrollar un sentido más profundo de confianza en usted mismo y en sus instintos, lo que resulta muy beneficioso en la práctica del vudú.

En el vudú, se cree que los Loa se comunican con usted a través de su intuición y sus sentidos espirituales. Al desarrollar su intuición, es más capaz de discernir los mensajes y la orientación que los Loa le envían. Fortaleciendo su intuición y practicando el discernimiento espiritual, estará mejor equipado para navegar por el mundo del vudú y conectar con sus energías y entidades.

Los siguientes son ejercicios que ayudan con la intuición:

Ejercicio de exploración corporal

1. Encuentre un lugar tranquilo para sentarse o acostarse y cierre los ojos.
2. Respire profundamente varias veces y deje que su cuerpo se relaje. Inhale por las fosas nasales y exhale por la boca con los labios ligeramente separados.
3. Empezando por la parte superior de la cabeza, concéntrese en cada parte de su cuerpo, de una en una, bajando lentamente hasta los dedos de los pies.
4. Note cualquier sensación, tensión o malestar que sienta en cada zona y observe sin juzgar.
5. Permítase sentir cualquier emoción o recuerdo que surja durante la exploración.

6. Ahora, permita que esa parte de su cuerpo se relaje. Imagine que está hecho de cemento y que se hunde cada vez más en la relajación, más pesado con cada respiración.
7. Una vez finalizada la exploración, respire hondo varias veces y abra los ojos lentamente.

Diario intuitivo

1. Reserve un tiempo cada día para sentarse y escribir en un diario.
2. Hágase una pregunta o establezca una intención para la sesión.
3. Escriba cualquier pensamiento o sentimiento que le venga a la mente sin juzgarlo ni analizarlo.
4. Preste atención a cualquier tema o patrón recurrente en su escritura.
5. Cuando termine de escribir, respire profundo y reflexione sobre lo que escribió.

Toma de decisiones intuitiva

1. Cuando se enfrente a una decisión, haga una pausa y respire profundamente unas cuantas veces.
2. Sintonice con su cuerpo y perciba las sensaciones físicas que surjan.
3. Pregúntese cómo lo hace sentir cada opción, tanto emocional como físicamente.
4. Preste atención a cualquier empujón intuitivo o percepción que surja.
5. Tome una decisión basada en lo que lo hace sentir más alineado con su intuición, en lugar de pensar o analizar en exceso.

Debe entender que la intuición es como un músculo, «úselo o piérdalo». Debe darle tiempo para fortalecerse y debe ser constante con los ejercicios para mejorar en la lectura de su instinto.

Lecturas recomendadas

Hay muchos libros que puede leer y que le ayudarán en su viaje. Aquí tiene una lista de cinco de los mejores disponibles:

- *«Mama Lola: A Vodou Priestess in Brooklyn»* (Mama Lola: Una sacerdotisa vudú en Brooklyn), de Karen McCarthy Brown - Este libro es un relato personal de la vida y la práctica de una sacerdotisa haitiana de Vudú, Mama Lola, que lleva practicando más de cuarenta años. Ofrece una visión en profundidad de las actividades cotidianas de una practicante de vudú e incluye una exploración de la historia, las tradiciones y las creencias de esta religión.

- *«The New Orleans Voodoo Handbook»* (Manual de vudú de Nueva Orleans), de Kenaz Filan - Este libro incluye información sobre la historia, las creencias y las prácticas del vudú de Luisiana.

- *«Voodoo in New Orleans»* (El vudú en Nueva Orleans), de Robert Tallant - Este libro explora la historia del vudú en Nueva Orleans e incluye información sobre la práctica del vudú de Luisiana.

- *«The Magic of Marie Laveau: Embracing the Spiritual Legacy of the Voodoo Queen of New Orleans»* (La magia de Marie Laveau: Conocer el legado espiritual de la reina del vudú de Nueva Orleans), de Denise Alvarado - Este libro es una guía completa para la práctica del vudú de Luisiana e incluye información sobre la vida y el legado de la famosa reina del vudú, Marie Laveau.

- *«The Rootworker's Guide to Healing and Wellness»* (Guía del curandero para la sanación y el bienestar), de Stephanie Rose Bird - Este libro incluye información sobre la práctica del trabajo de enraizamiento, que está estrechamente relacionado con el vudú de Luisiana, y orienta sobre cómo utilizar hierbas, raíces y otros remedios naturales para la curación.

Tenga en cuenta que estas recomendaciones son solo un punto de partida y que existen muchos otros libros sobre vudú. Como siempre, es importante acercarse a cualquier nueva práctica espiritual con una mente abierta y un espíritu de investigación, así como investigar por cuenta propia para encontrar los recursos más útiles. Debe educarse porque el vudú es una religión sagrada. No puede iniciarse en ella o hacer rituales solo porque tiene ganas. Resista la tentación de tomárselo a la ligera y, por favor, no haga tonterías invocando espíritus; en lugar de eso, haga lo correcto, busque ser iniciado formalmente y respete esta forma de vida.

Si quiere aprender más sobre la importancia de los espíritus y los ancestros en la práctica del vudú de Luisiana y tiene curiosidad sobre cómo limpiar energéticamente su hogar y mantenerlo protegido y seguro, definitivamente va a querer seguir leyendo.

Capítulo 3: Ingredientes y materiales que puede necesitar

Los materiales utilizados en los hechizos vudú no son simplemente físicos, sino que tienen un gran significado espiritual. El practicante necesita entender el significado de estos materiales y el papel que desempeñan en los rituales de vudú. Cada material tiene su propia energía y simbolismo espiritual, y la comprensión adecuada de estos elementos es necesaria para la práctica exitosa del vudú de Luisiana.

Hierbas y raíces, velas y aceites son los tres materiales principales utilizados en los hechizos vudú; cada uno tiene su propio significado espiritual. Solo tomándose el tiempo de entender los significados espirituales de estos materiales se puede aprovechar adecuadamente su poder e incorporarlos en los propios rituales. Mediante el estudio de los significados y usos de estos materiales, se pueden crear hechizos propios alineados con sus necesidades e intenciones únicas. La comprensión de los materiales y sus significados espirituales es crucial para la práctica exitosa del vudú de Luisiana y para cultivar una comprensión más profunda de la religión en su conjunto.

Hierbas y raíces

Las hierbas y las raíces desempeñan un papel fundamental en el vudú de Luisiana. Se utilizan en los hechizos para aprovechar el poder de la naturaleza y trabajar en conjunto con las energías del universo. En el vudú, cada planta y cada raíz tiene su propio significado espiritual, su función y su uso en los hechizos. Uno de los aspectos más importantes del trabajo con hierbas y raíces en el vudú es comprender sus propiedades y sus energías. Se dice que cada hierba y raíz tiene una vibración única, y cuando se utiliza en hechizos, mejora el resultado deseado. La siguiente es una lista de 59 hierbas y raíces, junto con sus significados espirituales, roles y uso en hechizos:

Las hierbas y raíces son esenciales en las prácticas vudú[17]

1. Raíz de Angélica: utilizada para protección, descruzamiento y suerte en hechizos de juego.
2. Hoja de laurel: se utiliza para la protección y la purificación.
3. Cimicífuga: utilizada para protección y purificación.
4. Sal negra: utilizada para protección y destierro.
5. Fucus: utilizado para protección y potenciar los poderes psíquicos.
6. Cardo bendito: utilizado para la protección y la purificación.
7. Cimicífuga racemosa: se utiliza para la protección y la mejora de los poderes psíquicos.
8. Boneset (eupatoria): se utiliza para la protección y la curación.
9. Raíz de cálamo: utilizada para hechizos de mando y control.
10. Alcanfor: utilizado para la purificación y la protección.
11. Hierba gatera: utilizada para hechizos de amor y suerte.
12. Cedro: utilizado para la purificación y la protección.
13. Canela: utilizada para hechizos de éxito, protección y dinero.

14. Clavo: utilizado para hechizos de protección y destierro.
15. Consuelda: se utiliza para hechizos de protección y curación.
16. Copal: utilizado para purificación y limpieza.
17. Damiana: utilizada para hechizos de amor y lujuria.
18. Diente de león: se utiliza para la adivinación y para llamar a los espíritus.
19. Cordón del diablo: utilizado para hechizos de protección y suerte.
20. Sangre de Drago: utilizada para protección y purificación.
21. Eucalipto: utilizado para la curación y la purificación.
22. Hinojo: utilizado para la purificación y la protección.
23. Incienso: se utiliza para la purificación y la limpieza.
24. Hierba de cinco dedos: se utiliza para atraer el éxito y las oportunidades.
25. Galanga: utilizado para descruzar y proteger.
26. Jengibre: utilizado para hechizos de amor y dinero.
27. Espino blanco: utilizado para hechizos de protección y destierro.
28. Hisopo: utilizado para la purificación y la protección.
29. Jazmín: utilizado para el amor y la mejora psíquica.
30. Enebro: utilizado para hechizos de protección y destierro.
31. Kava Kava: utilizado para la protección y la mejora psíquica.
32. Lavanda: utilizada para el amor, la purificación y la curación.
33. Toronjil: utilizado para hechizos de amor y felicidad.
34. Limonaria: utilizada para la mejora psíquica y la purificación.
35. Raíz de regaliz: utilizada para hechizos de mando y control.
36. Raíz de la mano afortunada: utilizada para la buena suerte.
37. Raíz de mandrágora: utilizada para la protección y el aumento del poder personal.
38. Artemisa: utilizada para la adivinación y el aumento de los poderes psíquicos.
39. Gordolobo: utilizado para hechizos de protección y destierro.
40. Mirra: utilizada para la purificación y la protección.
41. Ortiga: utilizada para hechizos de protección y destierro.
42. Olivo: utilizado para hechizos de protección y paz.

43. Cáscara de naranja: se utiliza para hechizos de amor.
44. Pachulí: utilizado para hechizos de amor y dinero.
45. Menta: se utiliza para la purificación y la curación.
46. Pino: utilizado para la purificación y la protección.
47. Trébol rojo: utilizado para hechizos de amor y dinero.
48. Rosa: se utiliza para el amor y la protección.
49. Ruda: utilizada para hechizos de protección y descruzamiento.
50. Salvia: utilizada para la purificación y la protección.
51. Sándalo: utilizado para la purificación y la protección.
52. Hierba dulce: se utiliza para la purificación.
53. Ajenjo: enraizamiento espiritual, protección, capacidades psíquicas, adivinación.
54. Milenrama: valor, amor, capacidades psíquicas, protección, exorcismo.
55. Acedera: curación, dinero, fertilidad, atracción, éxito.
56. Yerba santa: purificación, protección, crecimiento espiritual, habilidades psíquicas.
57. Ylang Ylang: amor, romance, sensualidad, calma, relajación.
58. Cúrcuma: dinero, suerte, protección, adivinación, amor.
59. Cinia: amor, amistad, abundancia, valor, felicidad.

Velas

Las velas juegan un papel vital en los hechizos vudú, ya que se utilizan para enfocar y dirigir la energía hacia un objetivo o intención específica. Los diferentes colores de las velas tienen diferentes significados y se asocian con propósitos específicos. En el vudú, el color de la vela utilizada en un hechizo a menudo se elige en función del resultado deseado o la intención del practicante. Al elegir una vela para un hechizo, es importante tener en cuenta su color, tamaño y forma. Algunos practicantes prefieren usar velas simples, sin perfume. Otros, por el contrario, prefieren velas perfumadas con aromas específicos correspondientes a la intención del hechizo.

Diferentes velas de distintos colores simbolizan las intenciones en los rituales vudú[18]

Hablemos ahora de los colores de las velas. El uso de colores en el vudú se basa en la creencia de que cada color representa una energía o intención específica. Los orígenes de esta práctica no están del todo claros, ya que forma parte de la tradición oral transmitida a través de generaciones de practicantes. Sin embargo, se cree que el uso de los colores en el vudú se remonta a las prácticas espirituales de África Occidental. En el vudú, cada color se asocia con ciertos atributos y energías. Por ejemplo, el rojo se asocia a menudo con la pasión, el amor y el coraje, mientras que el negro se asocia con la protección y el destierro de las energías negativas. El verde se asocia a menudo con el dinero, la abundancia y la prosperidad, mientras que el blanco se asocia con la pureza, la paz y la curación.

La práctica de utilizar colores en los hechizos y rituales vudú se basa en la idea de que lo semejante atrae a lo semejante. Utilizando velas, telas u otros materiales de un color determinado, los practicantes atraen la energía o la intención asociada a ese color. Por ejemplo, si quiere atraer el amor, puede utilizar una vela roja para representar la pasión y la energía del amor. Recuerde que cuando utiliza colores en el vudú, mejora y dirige la energía de su hechizo o ritual. Puede crear un hechizo o ritual poderoso y efectivo eligiendo el color correcto y entendiendo sus energías e intenciones asociadas. También puede mezclar colores, dependiendo de lo que quiera conseguir. Aquí hay una lista de velas recomendadas y sus significados espirituales, roles y usos en hechizos:

1. Vela roja: utilizada en hechizos de amor, de pasión, de fuerza y de coraje.
2. Vela rosa: utilizada en hechizos de amistad, de romance y de curación emocional.
3. Vela naranja: se utiliza en hechizos de creatividad, de éxito y de confianza.
4. Vela amarilla: utilizada en hechizos de comunicación, de claridad y de inspiración.
5. Vela verde: utilizada en hechizos de fertilidad, de crecimiento, de abundancia y de éxito financiero.
6. Vela azul: utilizada en hechizos de curación, de paz y de tranquilidad.
7. Vela púrpura: utilizada en hechizos de habilidad psíquica, de espiritualidad y de transformación.
8. Vela blanca: utilizada en hechizos de purificación, de protección y de iluminación espiritual.
9. Vela negra: utilizada en hechizos para desterrar la negatividad, para romper hechizos y en hechizos de protección.

Cuando se utilizan velas en los hechizos vudú, es importante encenderlas con intención, centrando su energía y atención en el resultado deseado. Algunos practicantes prefieren ungir sus velas con aceites, tallar símbolos o palabras en ellas, o utilizarlas junto con otros materiales como cristales, hierbas o talismanes para aumentar la eficacia del hechizo.

Velas especiales

Otros tipos de velas especiales se utilizan en el vudú más allá de las tradicionales velas cónicas. He aquí algunos ejemplos:

1. **Velas de siete días:** Estas son velas más grandes que están destinadas a arder continuamente durante siete días. A menudo se utilizan en hechizos o rituales más largos y pueden estar inscritas con símbolos o palabras específicas.
2. **Velas con figuras:** Estas velas tienen forma de personas o animales y pueden utilizarse para representar a un individuo concreto o para recurrir a las cualidades espirituales de esa persona o animal.

Por ejemplo, una vela negra con forma de gato puede utilizarse para la protección o la suerte, mientras que una vela roja con forma humana puede utilizarse para hechizos de amor.

3. **Velas reversibles:** Estas son velas que son negras en un extremo y rojas en el otro y se utilizan en hechizos para revertir la negatividad o el daño de vuelta a la persona que lo envió.
4. **Velas de doble acción:** Son velas que tienen dos colores, normalmente negro en un extremo y otro color (como verde o rojo) en el otro. Se utilizan tanto para eliminar energía negativa como para atraer energía positiva.
5. **Velas gigantes:** Son velas grandes que vienen en una variedad de formas y colores. Se pueden utilizar en lugar de varias velas o para crear una llama más fuerte e intensa.
6. **Velas calavera:** Tienen la forma de un cráneo humano. Se utilizan en hechizos relacionados con la comunicación con los muertos y en hechizos para fortalecer los poderes mentales e influir en los demás.
7. **Velas de gato negro:** Son velas con forma de gato negro. Se utilizan en hechizos para la suerte, la protección e incluso para romper maldiciones o maleficios.
8. **Velas diablo:** Son velas con forma de diablo o demonio. Se utilizan en hechizos para desterrar energías o entidades negativas.

Aceites

El uso de aceites en el vudú de Nueva Orleans se basa en la creencia de que poseen propiedades espirituales y mágicas que pueden aprovecharse para influir en aspectos específicos de la vida. Las raíces de esta práctica se remontan a las primeras prácticas espirituales africanas que constituyeron la base del vudú. Muchas plantas y hierbas se han utilizado durante siglos por sus propiedades medicinales y mágicas, y se cree que los aceites esenciales extraídos de estas plantas tienen propiedades similares.

En el vudú de Nueva Orleans, los aceites se utilizan a menudo como parte de los conjuros, un aspecto importante de la tradición. Se cree que cada aceite tiene un significado espiritual específico y puede utilizarse para diversos fines, desde atraer el amor y la riqueza hasta proteger y desterrar las energías negativas. Cuando se utilizan con velas, hierbas y otras herramientas rituales, se cree que los aceites aumentan la eficacia del hechizo.

Los orígenes exactos del uso de aceites en el vudú no están claros, pero se cree que ha sido una práctica común entre muchas tradiciones espirituales africanas y afrocaribeñas. Algunos creen que el uso de aceites pudo ser influenciado por el antiguo Egipto y otras culturas de Oriente Medio, que también utilizaban aceites esenciales en ceremonias religiosas y como parte de prácticas curativas. Los aceites son fundamentales cuando se trata de hechizos. Se utilizan de muchas maneras diferentes en la práctica del vudú, desde ungir velas y otros objetos hasta vestirse para un ritual. Cada aceite tiene su propio significado espiritual, papel y uso en los hechizos, y saber qué aceite usar para un propósito particular es clave para el éxito en el vudú. Ahora, aquí están 54 de los aceites recomendados para el vudú de Luisiana, junto con sus significados espirituales, roles y uso en hechizos:

- Aceite de almendras: prosperidad, fertilidad y sabiduría.
- Aceite de albahaca: purificación, protección y prosperidad.
- Aceite de bayas de laurel: prosperidad, éxito y protección.
- Aceite de laurel: protección, purificación y capacidades psíquicas.
- Aceite de benjuí: purificación, protección y prosperidad.
- Aceite de bergamota: dinero, éxito y claridad mental.
- Aceite de pimienta negra: protección, purificación y energía.
- Aceite de alcanfor: purificación y protección.
- Aceite de alcaravea: protección, purificación y claridad mental.
- Aceite de cardamomo: amor, sensualidad y claridad mental.
- Aceite de cedro: purificación, protección y curación.
- Aceite de manzanilla: relajación, purificación y capacidades psíquicas.
- Aceite de canela: amor, éxito y poder.
- Aceite de citronela: repeler las energías negativas y los insectos.
- Aceite de clavo: protección, amor y riqueza.
- Aceite de coco: purificación y protección.
- Aceite de ciprés: protección, purificación y curación.
- Aceite de sangre de drago: protección y destierro de energías negativas.

- Aceite de eucalipto: curación, purificación y protección.
- Aceite de incienso: purificación espiritual, protección y curación.
- Aceite de gardenia: amor, paz y protección.
- Aceite de hinojo: purificación, protección y prosperidad.
- Aceite de geranio: amor, sensualidad y capacidades psíquicas.
- Aceite de jengibre: amor y prosperidad.
- Aceite de pomelo: energía y protección.
- Aceite de jazmín: amor, crecimiento espiritual y capacidades psíquicas.
- Aceite de enebro: protección, purificación y curación.
- Aceite de lavanda: relajación, paz y curación.
- Aceite de limón: purificación, protección y amor.
- Aceite de hierba limón: purificación, protección y capacidades psíquicas.
- Aceite de lima: purificación, amor y curación.
- Aceite de loto: crecimiento espiritual, iluminación y pureza.
- Aceite de magnolia: amor, atracción y pureza.
- Aceite de menta: curación, purificación y prosperidad.
- Aceite de almizcle: sensualidad, atracción y conexión a tierra.
- Aceite de mirra: purificación, protección y curación.
- Aceite de neroli: amor, relajación y purificación.
- Aceite de nuez moscada: suerte, prosperidad y claridad.
- Aceite de naranja: amor, purificación y energía.
- Aceite de raíz de lirio: adivinación, capacidades psíquicas y protección.
- Aceite de pachulí: amor, prosperidad y conexión a tierra.
- Aceite de menta piperita: purificación, protección y claridad mental.
- Aceite de pino: purificación, protección y curación.
- Aceite de rosa: amor, belleza y capacidades psíquicas.
- Aceite de romero: protección, purificación y claridad mental.

- Aceite de sándalo: purificación, protección y curación.
- Aceite de menta verde: curación, purificación y protección.
- Aceite de hierba de búfalo: purificación, protección y crecimiento espiritual.
- Aceite de árbol del té: purificación, protección y curación.
- Aceite de tomillo: valor, purificación y protección.
- Aceite de vainilla: amor, sensualidad y pasión.
- Aceite de vetiver: enraizamiento, protección y sensualidad.
- Aceite de milenrama: protección, curación y capacidades psíquicas.
- Aceite de ylang-ylang: amor, sensualidad y relajación.

La seguridad es importante

Es muy importante tener en cuenta que algunas de las hierbas y aceites utilizados en las prácticas vudú pueden ser muy peligrosos si se ingieren o se utilizan de forma inadecuada. Cualquiera que desee participar en tales prácticas debe hacerlo con cautela. Por ejemplo, la ingestión de ciertas hierbas puede causar graves problemas de salud; incluso el contacto con ciertos aceites puede provocar irritaciones cutáneas o reacciones alérgicas. Además, es vital asegurarse de que los objetos utilizados en los hechizos de vudú no dañen el medio ambiente. Por lo tanto, cuando se trata de utilizar hierbas y aceites en las prácticas de vudú, debe tener mucho cuidado, respeto y responsabilidad.

Las mujeres embarazadas deben tener cuidado al utilizar cualquier tipo de aceite, especialmente durante el primer trimestre. Entre los aceites que deben evitarse durante el embarazo figuran la albahaca, el abedul, el alcanfor, la canela, la salvia romana, el clavo, el hinojo, el hisopo, el enebro, la mejorana, la mirra, la menta piperita, el romero, la salvia y el tomillo. Algunos aceites son más propensos a causar reacciones alérgicas que otros. Entre ellos se encuentran los aceites de canela, clavo, limonaria y árbol del té. Siempre se recomienda realizar una prueba del parche antes de utilizar cualquier aceite o producto nuevo sobre la piel.

Las personas con determinadas afecciones médicas deben evitar el uso de ciertos aceites. Por ejemplo, las personas con hipertensión deben evitar el uso de aceites estimulantes como el romero y la menta piperita, mientras que las personas con epilepsia deben evitar el uso de aceites estimulantes como el romero, la menta piperita y el eucalipto. Las personas con asma deben evitar el uso de aceites que puedan desencadenar un ataque, como el eucalipto y la menta.

También es importante tener en cuenta que algunos aceites pueden ser tóxicos para animales y plantas. Aceites como los de árbol de té, canela y algunos cítricos pueden ser tóxicos para perros y gatos. Cuando utilice aceites cerca de mascotas, es importante hacerlo en una zona bien ventilada y asegurarse de que las mascotas no los ingieran ni entren en contacto con ellos. Además, algunos aceites pueden ser perjudiciales para las plantas. Por ejemplo, el aceite de menta puede ser tóxico para algunas plantas e incluso matarlas. Al utilizar aceites cerca de las plantas, es importante investigar sus efectos de antemano y tener precaución al aplicarlos.

Ahora, probablemente se muere por saber más del Creador y sus espíritus ayudantes. En el próximo capítulo, obtendrá respuesta a sus preguntas más intrigantes.

Capítulo 4: Bondye y el panteón de los Loa

No puede pretender practicar vudú sin saber todo lo necesario sobre Bondye, o el creador supremo, así como sobre los Loa (o Lwa). Estas son las entidades más importantes del vudú.

Bondye es el creador supremo del universo[19]

Dioses vudú, santos católicos

A partir de 1501, los africanos fueron esclavizados y llevados a las colonias caribeñas para trabajar en plantaciones de azúcar y minas. Así fue hasta 1821, año en que finalmente España declaró ilegal el comercio de esclavos. En 1860 había unos 350.000 esclavos en Cuba. Entre ellos había muchos yoruba de Nigeria, procedentes de Ijebu, Ife, Kesu y Egba, entre otras regiones yoruba. También había muchas personas de Togo y Benín. Los yorubas que llegaron eran agricultores por naturaleza. Su cultura tenía una estructura social formada por diferentes reinos.

Algo para destacar de la cultura yoruba es que tiene una mitología muy rica. Por ejemplo, el panteón yoruba. Es bastante amplio y está formado por seres divinos. A cada uno de ellos se le conoce como orisha. A veces, la palabra se deletrea «orisa». Entre ellos están Changó, Oyo (se pronuncia aw-yaw), Yemayá, Egba, Obatalá, Ogun, etc. Estos seres son los que mantienen a salvo al pueblo yoruba. Cuando los esclavos africanos fueron obligados a abandonar sus tierras para ir a Brasil, Haití, Cuba y República Dominicana, tuvieron que encontrar formas creativas de seguir practicando su religión. Esto llevó al sincretismo del vudú con el catolicismo romano, que era la religión de los amos coloniales.

El *sincretismo* es el proceso de combinar diferentes visiones religiosas o ideologías para que encajen. Se trata de fusionar diferentes prácticas, teológicamente hablando, de modo que haya una cierta forma de unidad, haciendo posible la práctica de diferentes religiones sin lidiar con la disonancia cognitiva que inevitablemente surge al seguir dos formas de vida claramente diferentes. Así, hubo una mezcla de vudú con catolicismo romano. También se pueden encontrar elementos de la masonería.

Los Códigos Negros, también conocidos como *Code Noir*, se implantaron durante la colonización francesa y española de Nueva Orleans. Esto ocurrió en 1724. Los códigos pretendían abarcar todo lo relacionado con los asuntos de los esclavos. Estipulaban que no se podían practicar religiones paganas al aire libre. También que todos los esclavistas debían convertir a sus esclavos al cristianismo a más tardar ocho días después de llegados a la colonia. Debían enseñarles las creencias católicas romanas y bautizarlos. Así que, a medida que los esclavos aprendían sobre el catolicismo, encontraban formas de incorporar sus creencias tradicionales africanas a lo que estaban aprendiendo.

A veces, los esclavistas eran un poco «más amables» debido a las festividades de días como Pascua y Navidad. Dejaban que los esclavos tuvieran libertad, aunque solo fuera por un tiempo. Seguían siendo esclavos, pero se les concedía algo de tiempo libre para pasar las fiestas como quisieran. También tenían tiempo libre los domingos por la tarde. Los esclavos aprovechaban sus momentos de libertad (que les correspondía por derecho) para practicar su religión con los demás. Los domingos por la tarde se reunían en Congo Square, una zona designada por las normas de Nueva Orleans para las reuniones de los africanos. Allí creaban sus propias costumbres y tradiciones.

La gente encontró una forma de relacionar a sus deidades o Loa con los santos católicos romanos. Por ejemplo, en San Pedro, veían a Papa Legba, ya que es conocido como el que abre el reino de los espíritus para permitir el acceso, y San Pedro suele pintarse o dibujarse con llaves del paraíso en la mano. En la Mater Dolorosa, encontraron a Ezili Freda, una Loa a la que le encanta todo lo relacionado con el lujo y el amor. En San Patricio, los vuduistas encontraron a Damballa, una serpiente. Este santo suele aparecer con serpientes. A veces consideran que Damballa es Moisés, ya que su bastón se convirtió en una serpiente que se tragó a todas las demás serpientes de los sacerdotes egipcios cuando Dios le envió a liberar a los israelitas. Cosme y Damián eran originalmente médicos de origen árabe, hermanos gemelos que acabaron convirtiéndose en mártires cristianos. En ellos, los africanos vieron a los Marasa, que son Loas gemelos sagrados.

Bondye

El vudú es una práctica centrada en la creencia en un creador conocido como Bondye. Etimológicamente, el nombre Bondye procede del francés Bon Dieu, que significa «Buen Dios». Se trata del creador increado, el que está a cargo de todas las cosas. Algunos se refieren a este creador como *gran met*, que significa el gran maestro. En términos de ideología, este dios es casi igual al concepto cristiano de Dios. Sin embargo, cuando se trata de vudú, nadie debe acercarse a Bondye directamente, porque es una falta de respeto y un ejercicio inútil.

La forma de acercarse a Bondye es a través de los Lwa (o Loa), que representan las diferentes expresiones del poder del creador. Acercarse a Bondye directamente es inútil porque está más allá de la comprensión de un humano, ya que él es mucho más. Por lo tanto, la única manera de llegar a él y recibir de él es a través de los Loa. Esta es la razón por la que los vuduistas dirigen su atención a estos seres y por la que nunca oirá a nadie afirmar que *Bondye lo ha poseído* en persona. ¿Significa esto que Bondye no se interesa por los asuntos humanos? Por supuesto que no. Debe comprender que todo forma parte del plan de Bondye, incluso cuando no lo parece.

Todo vuduista sabe que no hay una sola persona o cosa que no esté conectada con el *gran met*. Por lo tanto, Bondye debe ser reconocido y honrado utilizando los métodos y ritos correctos en todas las ceremonias. Este ser está envuelto en el misterio y escapa a la comprensión humana. Es el incognoscible que lo sabe todo, el que mantiene la rueda de la vida girando a perpetuidad. Algunas personas pueden suponer erróneamente que, puesto que Bondye es literalmente el «Dios Bueno», existe una fuerza igual y opuesta a la que podríamos llamar «*Mal Dieu*» o el «Dios Malo». No es así en absoluto.

Naturalmente, esto causa cierta confusión a aquellos que están acostumbrados a asumir que todas las cosas en la religión requieren dualidad. Y esto debería también hacerles preguntarse cuáles son los conceptos del bien y del mal a los ojos de Bondye y a los ojos del verdadero vuduista. Lo que hay que entender es que no se trata de bueno y malo, sino del grado de demostración de la presencia de Bondye en la vida de cada uno. Esta demostración se reduce a las elecciones que se hacen. Por lo tanto, hacer cosas que le favorezcan económica, físicamente y en cualquier otro aspecto de la vida es algo bueno. Cuando hace cosas que le quitan ese bienestar, se consideran malas.

No hay una sola persona que no esté hecha a imagen de Bondye. No hay nada ni nadie que no tenga la esencia de Bondye fluyendo a través de sí. Él creó a la humanidad utilizando solo arcilla y agua, trabajando con los mismos elementos que utilizó para crear el mundo. Los vuduistas entienden que proceden de la tierra y que no es casualidad que cuando los humanos fallecen, vuelven a la tierra. Puesto que todas las personas están hechas de la misma materia que la tierra, es una creencia muy arraigada en el vudú que no hay nada que pueda ir en su contra, aunque lo parezca, ya que todos los humanos están hechos de la misma materia.

El panteón de los Loa

Los Loa o Lwa están divididos en varios panteones, también conocidos como *nanchons* (que significa «naciones») o familias. Cada uno de ellos tiene sus propios requisitos, metodologías y ethos en cuanto a ritos y ceremonias. Se dice que hay al menos diecisiete *nanchons*, pero no todos son igualmente populares o conocidos, y hay algunos principales. Por ejemplo, panteones como el Wangol y el Nago, también conocidos como el Ibo y el Kongo, forman ahora parte del panteón Petro. Los panteones mayores son:

1. El Rada Loa
2. El Petro Loa
3. El Gede Loa

Es posible que haya oído a alguien afirmar que los Petro Loa son malos y que los Rada son los buenos. Lamentablemente, esa información es errónea. En cuanto a los Loa y a su magia, no se puede aplicar la ética habitual. Para que quede claro, hubo una época en la que se consideraba que los Petro solo estaban relacionados con la magia maligna, mientras que los Rada se consideraban buenos. Esto llevó a la idea de que los Petro Loa son peligrosos destructores a los que es mejor dejar en paz y que los Rada son muy indulgentes y clementes.

La verdad es que los Petro pueden ser buenos y lo han demostrado una y otra vez. Además, por muy pacíficos y dulces que sean los Rada Loa, su venganza puede ser rápida y despiadada si se cruza con ellos. Si pregunta a los devotos que no cumplen con sus obligaciones religiosas, se lo dirán. Así pues, evite caer en la trampa de utilizar ideas básicas de moralidad para definir los panteones Loa. Esto no significa que deba asumir que el vudú es una forma de vida libre de moralidad y que tiene licencia para ser una persona terrible. Como vuduista, debe tener claro lo que está bien y lo que está mal, y también entender que, al fin y al cabo, todo se trata de su servicio a los Loa y a Bondye, que es quien mantiene el mundo tal y como lo conoce.

El panteón de los Rada Loa

La raíz etimológica de Rada es Arada, un reino dahomien que existió durante la colonización de Haití. A los Rada Loa se les llama los gentiles, porque tienen la cabeza fría y son dulces. Antes de emprender cualquier acción, consideran detenidamente todos los hechos de la situación. Por esta razón, puede estar seguro de que el juicio que emiten es justo y merecido. Tienen especial cuidado en mantener el equilibrio y la armonía en todas las cosas.

Lo mejor del panteón Rada es que siempre puede contar con ellos. Les encanta estar conectados con sus fieles seguidores y adoran la idea de la familia. Sus nombres demuestran lo mucho que significan para ellos los lazos familiares. Todos los rituales implicados en la adoración de estos Loa proceden del reino de Arada. Una de las peculiaridades de estos seres es que su color es el blanco, por lo que no es raro ver paños y otros objetos blancos en los altares dedicados a ellos. Algunos de los Rada Loa son, aunque no se limitan a:

- Papa Legba, que guarda la puerta y el portón.
- Ounto, el Loa de los tambores.
- Marassa, los gemelos divinos.
- Damballa Wedo, el espíritu de la paz y la tranquilidad, y el padre serpiente.
- Sobo, que trae la prosperidad.
- La sirena, la seductora que gobierna el mar.
- Granne Halouba, la mujer sabia.
- Erzilie Freda, la dulce reina de la belleza, el lujo y la riqueza.
- Bossou, el toro poderoso.
- Klemezin, la que trae la iluminación.
- Lovana, la que elimina los obstáculos.

El panteón de los Petro Loa

Se dice que la palabra «Petro» procede de Dom Pedro, el que estuvo al frente de la rebelión cimarrona del siglo XVIII. Los espíritus de este panteón también se pueden considerar colectivamente. Estos son espíritus de cabeza caliente, y sus formas son bastante volátiles. Todo en ellos es agresivo, pero esto no es necesariamente malo. Existe la agresión positiva. Cuando actúan, tienen una fuerza innegable. En cuanto a los altares, es mejor tener este separado del de los Rada Loa en el *ounfo* (que significa «templo»). Tampoco hay que invocarlos nunca al mismo tiempo que se invoca a los Rada durante los rituales y ritos ceremoniales.

Todo vuduista sabe que los Petro Loa aparecen de forma espectacular y, por alguna razón, son particularmente buenos para hacer que sucedan cosas relacionadas con el dinero. Si quiere ofrecer algo a los Petro Loa, prepáreles café, pimientos picantes, alcohol, cigarrillos, sangre y otras cosas de esa naturaleza. Si alguna vez presencia una ceremonia o ritual para estos seres, notará que el tamborileo es a un ritmo realmente rápido y se siente muy poderoso, a veces áspero. Verá a vuduistas con látigos que hacen chasquear. Algunos hacen sonar silbatos muy fuertes, y también tienen pólvora explosiva. Estos Loa tienen el rojo como color, lo que hace sentido con todas sus características descritas. Algunos de los Petro Loa son, entre otros, los siguientes:

- Kalfou, el espíritu de las encrucijadas.
- Simbi Andeazo, el espíritu del agua salada y dulce, de la lluvia y de los baños.
- Ti Jean Petro, el espíritu del fuego y de la revolución.
- Gran Bwa, el espíritu del árbol, el que gobierna el bosque nocturno.
- Simitye, el que trae el cambio, la conexión entre Petro y Gede.
- Ezili Danto, madre de Haití.
- Linglinsou, espíritu violento de la venganza.

El panteón de los Gede Loa

A veces, Gede se escribe *Ghede* o *Guede*. Estos Loa se encargan de todos los asuntos relacionados con la muerte y la fertilidad. Su estilo musical de tambores y danzas se conoce como Banda. Al igual que los demás Loa, poseen a los vuduistas de su entorno. Cuando lo hacen, suelen rociarse con una mezcla de 21 pimientos Scotch bonnet y un ron de caña de azúcar crudo conocido como *clairin*. A veces utilizan pimientos de cabra en su lugar.

El Gede Loa suele celebrarse durante un festival conocido como Fet Gede, que tiene lugar el 2 de noviembre de cada año. Es como el Día de los Difuntos o la Fiesta de los Muertos. Los devotos de estos Loa disfrutan de su generosidad. Si se ha hecho algún bien al pueblo que no ha sido apreciado, saben que los Loa vengarán su falta de aprecio. Estos seres son muy sensuales. Si aún no está familiarizado con sus costumbres, puede que se sienta horrorizado, pero no hay razón para estarlo. Son seres irreverentes, su baile es una mímica del sexo. Son conocidos por llevar a los muertos a la siguiente etapa de la vida. El color de este panteón es el negro. Estos son algunos de los Gede Loa:

- Papa Gede, el psicopompo.
- Brav Gede, el que vigila el cementerio.
- Guede Nibo, el psicopompo y patrón de los que fallecieron de forma no natural.
- Maman Brigitte, protectora de las lápidas.
- Barón Criminel, el ejecutor y primer asesino.

Se profundiza en cada panteón en capítulos posteriores, pero por ahora, si quiere saber más sobre los Loa, puede investigar un poco por su cuenta.

Veves

En el vudú, los devotos de los Loas ocasionalmente les piden que vengan y se apoderen de sus cuerpos para que, a través de ellos, puedan comunicarse con los demás e interactuar. Esto no es algo que suceda en cualquier momento y lugar. Existen rituales con prácticas específicas que deben seguirse al pie de la letra. Durante los rituales, se pueden presenciar bailes, tambores, cánticos y otras exhibiciones, sobre todo cuando se produce la posesión. Durante estos rituales, los veves cobran vital importancia. Se trata de símbolos especiales que están conectados con cada Loa. Del mismo modo, cada Loa tiene danzas especiales, ritmos de tambor, colores, etc., y símbolos únicos que portan su energía. Normalmente, los veves se dibujan en el suelo arenoso del espacio ritual o en cualquier sustancia pulverulenta del suelo.

A medida que avanzan los rituales, los veves sirven como una especie de plataforma en la que los devotos colocan sus ofrendas a los Loa. Es importante que las ofrendas realizadas estén en resonancia energética con los veves y el Loa que los devotos pretenden invocar. Una vez dibujado el veve, se vierten libaciones sobre él y se coloca una vela en su centro. Para infundir vida y energía al veve, un devoto debe hacer sonar una campana mientras todos rezan al Loa. Si alguna vez es necesario invocar a más de un Loa, deben dibujarse y enlazarse todos sus veves, prestando especial atención al tipo de sustancia pulverulenta que se utiliza para cada uno de ellos. A algunos les gusta el café, a otros el polvo de ladrillo y a otros el polvo blanco.

Aunque el veve de cada Loa es diferente (y algunos Loa tienen más de un veve), algunas cosas permanecen constantes en todos ellos. La veta actúa como un faro que atrae hacia ella a todos los barcos relevantes. Su función es atraer la atención de los Loa, y no solo eso, sino también actuar como amplificador de la energía de los Loa en ese espacio. Por lo tanto, podría suponer que tatuarse con un veve de Loa es lo más adecuado, para mantener su presencia siempre con usted, o que puede colocarlo donde quiera en su casa sin pensarlo mucho, pero no es así.

Por favor, no se tatúe un veve. Lo más probable es que los Loa decidan ignorarlo cuando los necesite, en el mejor de los casos. Lo peor que puede ocurrir si falta al respeto a los veves es que enfade a los espíritus Petro, y ya sabe que no quiere caerles mal. Cuando usa un veve, su intención debe ser clara y sincera. Una vez más, el vudú es una forma de vida, no una «estética» de la que presumir. Por favor, trátelo como tal.

Ahora, es el momento de ver algunas de las poderosas Loa femeninas del vudú de Luisiana.

Capítulo 5: Loa femeninas mayores

Este capítulo echa un vistazo a las Loa más importantes del vudú de Luisiana, que son hembras. Para que quede claro, este capítulo no cubre todas las Loa femeninas que existen, por lo que es posible que quiera investigar más a fondo si quiere aprender acerca de alguno que no se menciona aquí.

Maman Brigitte

Maman Brigitte es la Loa de la muerte y los cementerios en el vudú de Luisiana. Es una fuerza ardiente y poderosa y tiene una personalidad que refleja su asociación con la muerte y el más allá.

A menudo se representa a Maman Brigitte como una mujer alta, escultural, de piel oscura y pelo rojo fuego. Se dice que es regia y feroz, que tiene ojos penetrantes que pueden ver el alma de quienes se cruzan en su camino.

Su veve es un símbolo poderoso, con un corazón sobre un triángulo y otras líneas y dibujos intrincados. Otros símbolos que la representan son una calavera, huesos cruzados, una serpiente y un ataúd. Estos símbolos representan

Maman Brigitte es la Loa de la muerte[90]

su conexión con la muerte y el más allá y su papel como poderosa sanadora y protectora.

Maman Brigitte suele sincretizarse con la santa católica romana Santa Brígida, conocida por sus poderes curativos y su asociación con el fuego y la luz.

En cuanto a sus correspondencias, Maman Brigitte se asocia con el color púrpura y los pimientos picantes, el ron y el tabaco. Se dice que le gusta especialmente la ruda, que se utiliza en muchos rituales y hechizos vudú.

Maman Brigitte está estrechamente relacionada con los Gede Loa, conocida por su carácter irreverente y malicioso. Se dice que mantiene una estrecha relación con el Barón Samedi, el Loa de la muerte y la resurrección. A menudo se recurre a ella para que guíe a las almas al más allá.

Los relatos relacionados con Maman Brigitte suelen describirla como una mujer intrépida y de carácter fuerte que no teme a la muerte ni a lo desconocido. Se dice que tiene un temperamento feroz y una actitud firme, pero también una profunda compasión por quienes buscan su guía.

Las ofrendas preferidas por Maman Brigitte incluyen ron, pimientos picantes, tabaco y objetos asociados con la muerte y el más allá, como velas negras e imágenes de calaveras o cementerios. Los signos de que recibe y acepta la ofrenda pueden ser una sensación de calor o un cambio repentino en el ambiente.

Maman Brigitte se celebra y honra en Nueva Orleans durante el festival anual del Día de los Muertos y otras ceremonias vudú a lo largo del año. A menudo se recurre a ella para que guíe a las almas al más allá y ofrezca protección a quienes buscan su ayuda.

Ezili Freda

En el mundo del vudú hay una Loa conocida por su belleza, su elegancia y su amor por el lujo. Se trata de Ezili Freda, la Loa del amor, la sensualidad y el lujo. A Ezili Freda se la representa como una hermosa mujer de piel clara, vestida con un vaporoso vestido blanco y adornada con perlas y otras joyas finas. Su veve, o símbolo sagrado, es un diseño en forma de corazón que suele dibujarse con tonos rosas, blancos y azules. Está sincretizada con las santas católicas Nuestra Señora de Lourdes y la Inmaculada Concepción.

Ezili Freda[21]

Como Loa del amor y la sensualidad, Ezili Freda se asocia con el rosa, el blanco y el oro. A menudo se le ofrece champán, rosas y dulces como pastel blanco, azúcar y miel. En cuanto a plantas y hierbas, se la asocia con el jazmín, el ylang-ylang y la vainilla. Ezili Freda es conocida por ser una Loa muy poderosa y respetada en el panteón vudú. A menudo se la considera una figura materna y se la venera por su capacidad para unir a las personas en el amor y la armonía. Sus relaciones con otros Loa son complejas, pero a menudo se la asocia con su homólogo, el Loa de la guerra y la lucha, Ogou, que es su protector y campeón.

Esta Loa tiene profundas conexiones con otros espíritus. Su naturaleza de diosa del amor la vincula a otros espíritus que supervisan los asuntos del corazón, como Ezili Dantor y Legba. Sin embargo, a pesar de su personalidad amable y tierna, Ezili Freda también es conocida por sus caprichos y sus comportamientos temperamentales, que pueden causar conflictos con otros Loa. Se sabe que está especialmente enfrentada a su opuesta más oscura, Ezili Dantor, que representa la otra cara del amor, incluidos los celos y la venganza. Además, su naturaleza exigente y sus altas expectativas pueden crear tensiones con otros Loa, especialmente con aquellos que no cumplen sus normas.

A pesar de estos conflictos, Ezili Freda es una de las Loa más queridas y veneradas del panteón vudú por su capacidad para traer felicidad, abundancia y armonía a las vidas de aquellos que la honran. La tradición que rodea a Ezili Freda es rica y variada. A menudo se la describe como una Loa apasionada y cariñosa que hace todo lo posible por ayudar a quienes la invocan. También es conocida por su vanidad y materialismo, lo que la convierte en una Loa con la que es difícil trabajar. Se dice que exige las mejores ofrendas y regalos y que puede ser muy particular en sus gustos.

Para honrar a Ezili Freda, los practicantes del vudú celebran fastuosas fiestas y celebraciones en su honor. Estas celebraciones están llenas de música, bailes y ofrendas de champán y dulces. En Nueva Orleans, se la honra durante el Mardi Gras y el Festival Vudú anual.

Ezili Dantor

Ezili Dantor, diosa guerrera y protectora de Haití, es una de las Loas más poderosas del panteón vudú. Se la conoce como una feroz defensora de las mujeres y los niños, y su leyenda está impregnada de valentía y tragedia. Ezili Dantor es representada como una mujer negra con cicatrices que lleva un pañuelo azul y rojo alrededor de la cabeza. Va armada con un machete y se puede ver un niño a sus pies o en su cadera, que representa su naturaleza maternal y protectora. Su veve, el símbolo utilizado para invocar su energía, suele dibujarse con un corazón y una espada.

Ezili Dantor[22]

Se la sincretiza con varios santos católicos, sobre todo con la Virgen Negra de Częstochowa, y se asocia con los colores dorado, verde, rojo y azul. Sus ofrendas incluyen ron, comida picante y su flor favorita, el hibisco. Esta Loa es conocida por su naturaleza ardiente y apasionada, que la convierte en una fuerza a tener en cuenta y en una poderosa protectora. Es ferozmente independiente, y su independencia es una de las principales razones por las que es tan querida por las mujeres. A menudo se asocia con los revolucionarios y se considera la encarnación del espíritu de resistencia.

Ezili Dantor tiene una relación compleja con su hermana Loa, Ezili Freda. Aunque son hermanas, tienen personalidades muy diferentes y a menudo chocan entre sí. A pesar de ello, ambas están asociadas al amor y a menudo se las invoca juntas para crear una relación armoniosa. Es una Loa poderosa, por lo que es importante tomarse en serio el hecho de ofrecerle algo. Se dice que prefiere las ofrendas realizadas en secreto o en un espacio privado, y que quienes le hacen ofrendas deben ser puros de corazón y de intención. Cuando una ofrenda es de su agrado, protege y guía a la persona que la realiza.

En Nueva Orleans se honra y celebra a Ezili Dantor de diversas maneras a lo largo del año. Una de las celebraciones más populares tiene lugar el día de Nuestra Señora del Carmen, el 26 de julio. Durante esta celebración, se le hacen ofrendas y sus seguidores bailan y cantan en su honor. Esta Petro Loa también es honrada durante el Festival de los Muertos y otras ceremonias vudú.

Simbi

Simbi es una poderosa Loa del vudú de Luisiana, a menudo asociada con las serpientes y el agua. Adopta muchas formas, pero se suele representar como una serpiente con cabeza de mujer o como una mujer con cola de serpiente. Su veve, un símbolo sagrado utilizado en los rituales vudú, presenta la imagen de una serpiente con un patrón ondulado.

Simbi[28]

En el vudú haitiano, Simbi se sincretiza con San Patricio, de quien se dice que expulsó a las serpientes de Irlanda. Simbi también se asocia con el católico San Juan Bautista y a veces se le llama «Simbi San Juan».

Los colores que más se asocian con Simbi son el verde y el azul, y sus plantas correspondientes son los nenúfares, la espadaña y la sanguinaria. Se dice que domina los ríos, arroyos y otras masas de agua, y a menudo se le pide ayuda en cuestiones de fertilidad, curación y adivinación.

Se sabe que Simbi tiene interesantes conexiones con otros Loa, ya que su papel y habilidades se solapan con los de ellos. Por ejemplo, a veces se la asocia con el Loa Agwe, que también es un espíritu del agua. En algunas tradiciones, se la considera la esposa de Agwe; en otras, se cree que son dos aspectos del mismo Loa. Simbi también se asocia a veces con el Loa Damballah, un espíritu serpiente. En algunas tradiciones, se considera la esposa de Damballah; en otras, dos aspectos del mismo Loa.

Simbi también se asocia a menudo con la Loa Ayida Wedo, que es la contraparte femenina de Damballah. Ayida Wedo también es un espíritu del agua y a menudo se representa como un arco iris. A veces, Simbi y Ayida Wedo se consideran fuerzas opuestas: Simbi representa los aspectos oscuros y peligrosos del agua y Ayida Wedo los aspectos pacíficos y vivificantes. En otras tradiciones, sin embargo, se consideran fuerzas complementarias: Simbi representa el poder y la fuerza del agua y Ayida Wedo su belleza y gracia.

A veces también se asocia con Loa Ezili, un espíritu del amor y la sexualidad. En algunas tradiciones, Simbi se considera la pareja de Ezili; en otras, se les considera dos aspectos del mismo Loa. Esta asociación refleja el hecho de que en el vudú el agua se asocia a menudo con las emociones y las relaciones.

La tradición de Simbi es rica y variada, con historias que la describen como compasiva y vengativa. Se dice que es una sabia maestra y sanadora, pero también que puede ser peligrosa cuando se la enfrenta. En una leyenda, transformó a un hombre en serpiente después de que este la insultara. En otra, utilizó su poder para crear un manantial curativo para un niño enfermo.

Las ofrendas a Simbi varían según la situación, pero pueden incluir ofrendas de agua, hierbas y velas. Le gustan las ofrendas de tabaco y ron, y a menudo se la representa con un puro en la boca. El parpadeo de las velas o el movimiento del agua son señales de que Simbi recibe y acepta una ofrenda. En Nueva Orleans, Simbi suele honrarse en la víspera de San Juan, el 23 de junio. Este festival es un momento para honrar la relación entre Simbi y San Juan Bautista y está marcado por hogueras, bailes y otros rituales. A veces también se invoca a Simbi durante el Mardi Gras y otras ceremonias vudú a lo largo del año.

Gran Ibo

La Gran Ibo, o *Gran Yobo o Grannibo*, es una poderosa y enigmática Loa del panteón vudú. Considerada la «Madre de la Naturaleza», está asociada con las fuerzas de la tierra, en particular con los árboles y las montañas. Su imagen es la de una mujer anciana de poderosa presencia, a menudo ataviada con un tocado de hojas o ramas y portando un bastón de madera o metal.

La Gran Ibo es considerada la madre naturaleza[24]

El veve o símbolo sagrado de la Gran Ibo es un diseño único e intrincado que se suele dibujar en el suelo con harina de maíz como invocación ritual a su presencia. El símbolo es un árbol central rodeado de otros elementos, como una serpiente, una tortuga y una representación del sol. La Gran Ibo está sincretizada con San Jerónimo, y su fiesta se celebra el 30 de septiembre. Sus correspondencias incluyen los colores verde y marrón, y sus plantas son el roble, el pino y el aguacate.

Como Loa de la naturaleza y de lo salvaje, se dice que la Gran Ibo mantiene estrechas relaciones con otros Loa terrenales, como Damballah, Simbi y Agwe. También es conocida por su capacidad para curar a los enfermos y heridos, sobre todo mediante el uso de hierbas medicinales y la limpieza espiritual. En la tradición vudú, la Gran Ibo es representada a menudo como una figura poderosa y sabia que ofrece guía y protección a quienes buscan su ayuda. Es conocida por ser una maestra estricta pero justa, y quienes necesitan orientación espiritual recurren a su sabiduría.

Para honrar a la Gran Ibo, puede ofrecerle velas, frutas y flores, sobre todo las que se asocian con ella, como hojas de roble y agujas de pino. La aparición de una serpiente, una tortuga o una sensación de calma y equilibrio en el entorno pueden ser señales de que la Gran Ibo acepta la ofrenda. En Nueva Orleans, la Gran Ibo se celebra como una fuerza vital de la naturaleza, y su presencia puede sentirse en la exuberante vegetación de los numerosos parques y jardines de la ciudad. A menudo se la honra con celebraciones públicas y rituales, sobre todo el día de su fiesta. Si busca su sabiduría y guía, busque en la naturaleza y deje que su espíritu le guíe en su viaje.

Capítulo 6: Loa mayores masculinos

En este capítulo, aprenderá sobre los principales Loa masculinos del vudú de Luisiana. Una vez más, tenga en cuenta que no hay manera de cubrir todos los que existen, por lo tanto, si hay algunos que le interesen y se mencionan aquí, debe hacer algunas investigaciones. Dicho esto, es hora de revisar los Loa masculinos más accesibles y populares.

Papa Legba

Papa Legba es el poderoso guardián e intermediario entre los mundos espiritual y humano. En el reino del vudú, es uno de los Loa más importantes y venerados. A menudo se le representa como un anciano, pero también como un joven cojo. Es conocido por su sonrisa, la bondad de sus ojos y la sabiduría que emana de su ser. Su imagen se asocia a menudo con los colores rojo y negro. El veve, o símbolo ritual, de Papa Legba es una encrucijada con un círculo alrededor. Se le considera el abridor de las puertas entre los mundos.

Este Loa suele sincretizarse con San Pedro en la religión católica, ya que ambos son guardianes de las puertas. Sin embargo, algunos también lo asocian con San Lázaro o San Antonio. Está estrechamente relacionado con la comunicación y el lenguaje, y se cree que puede hablar todas las lenguas humanas. Algunas de las hierbas que se le asocian son el tabaco, el café y el maíz, mientras que sus colores correspondientes son el rojo y el negro.

Como la mayoría de los Loa, éste también tiene algunos vínculos fascinantes con muchos de los demás. A menudo se le considera el intermediario entre los reinos humano y espiritual, y es el responsable de permitir el acceso a otros espíritus. Con este papel, ha desarrollado intrincadas relaciones con otros Loa. Por ejemplo, Papa Legba se asocia a menudo con Loa Loko, el patrón de los curanderos y las plantas. Juntos son considerados los guardianes de las encrucijadas y trabajan para mantener el equilibrio entre los mundos. Papa Legba también está estrechamente relacionado con Damballa, que representa el cielo y la creación. Trabajan juntos para mantener el equilibrio en el mundo natural.

También tiene relación con Ezili, en particular con Loa Ezili Freda y Ezili Dantor. Con Ezili Freda, comparten una asociación con el amor y la belleza, y a menudo son invocados juntos para traer bendiciones de fertilidad y prosperidad. Con Ezili Dantor comparten una asociación con la maternidad y la protección. A menudo se les invoca juntos para que ayuden en asuntos familiares. Además, Papa Legba está relacionado con el Barón Samedi, que es el señor de los muertos. Papa Legba representa la vida y la luz, mientras que el Barón Samedi representa la muerte y la oscuridad. A pesar de sus diferencias, ambos se consideran esenciales para mantener el equilibrio entre la vida y la muerte.

Su papel de guardián e intermediario entre los mundos lo convierte en parte integrante de la tradición vudú. A menudo se le considera el primer y el último Loa al que se invoca durante las ceremonias vudú, y toda comunicación con los demás Loa debe pasar por él.

A menudo se le representa como juguetón y travieso, pero también es sabio y poderoso. Se dice que protege a los niños y que le encanta bailar y cantar.

Las ofrendas a Papa Legba pueden incluir ron, puros, café y dulces. Algunos también ofrecen llaves, ya que se le conoce como el «portador de llaves». Los signos de que ha recibido y aceptado la ofrenda pueden ser la sensación de su presencia, como oír su voz o sentir una brisa repentina. En Nueva Orleans, Papa Legba se celebra el día de San Antonio, el 13 de junio. A menudo se le honra con ofrendas rituales, danzas y ceremonias, ya que se le considera una parte importante de la tradición vudú local.

Barón Samedi

El Barón Samedi, Loa de la muerte, es una figura compleja y fascinante de la tradición vudú. A menudo se le representa como un esqueleto con sombrero de copa negro, abrigo negro y gafas oscuras, con un puro en la boca y una botella de ron en la mano. A pesar de su asociación con la muerte, es una figura muy querida y trae alegría y risas a quienes le honran.

Su veve, un símbolo sagrado utilizado en los rituales vudú, suele mostrar la imagen de una calavera, huesos cruzados y un sombrero de copa. Sus símbolos también incluyen una pala, un gallo negro y un sonajero hecho con huesos humanos. En el catolicismo sincrético, el Barón Samedi se identifica a menudo con San Martín de Porres o San Expedito, pero su verdadera esencia se encuentra en las profundidades de la tradición vudú. El color asociado al Barón Samedi es el negro, que representa la muerte y los misterios del más allá. Entre las plantas y hierbas asociadas a él se encuentran la belladona, el tabaco y el ajenjo, a menudo utilizadas en rituales y ofrendas.

El Barón Samedi pertenece a la familia Ghede Loa, asociada a la muerte y la fertilidad. A menudo se le representa como el marido de Maman Brigitte, la Loa de la muerte y los cementerios. También es conocido por su estrecha relación con el Loa de la curación y la fertilidad, Ayizan, y el Loa de la encrucijada, Papa Legba. El Barón Samedi es conocido por su personalidad juguetona y traviesa. A menudo se le representa como un embaucador, y su humor e ingenio son famosos entre aquellos que le honran. También es conocido por sus proezas sexuales y a menudo se le considera un símbolo de fertilidad y virilidad.

Las ofrendas al Barón Samedi suelen incluir ron, puros y comida picante. Sus ofrendas suelen dejarse a la entrada de los cementerios, que son sus espacios sagrados. Las señales de que ha aceptado una ofrenda pueden incluir el sonido de una risa, el movimiento de objetos o la presencia del aroma del ron o los puros. El Barón Samedi se celebra en Nueva Orleans durante el Festival Vudú anual y otras ceremonias Vudú. También se le honra durante el Día de los Muertos, una celebración de los antepasados que tiene lugar a principios de noviembre. El Barón es una figura poderosa y enigmática en la tradición vudú. Su asociación con la muerte y el más allá le hace ser a la vez temido y venerado, pero su naturaleza juguetona y humorística le hace muy querido por quienes le honran.

Damballah

Damballah, la serpiente Loa del vudú haitiano, es una deidad poderosa y venerada que suele asociarse con la creación, la fertilidad y el mundo natural. Se le suele representar como una serpiente larga y enroscada, a menudo de color blanco o plateado y con tendencia a mudar de piel. Se sabe que Damballah es un Loa muy anciano y sabio, a menudo representado como una gran serpiente en el cielo, y se dice que posee profundos conocimientos y sabiduría sobre los misterios de la vida y el universo.

El velo de Damballah se representa a menudo como una serpiente enroscada alrededor de un poste, con símbolos como rayos de sol, medias lunas y estrellas a su alrededor. Sus colores asociados son el blanco, el plateado y el azul pálido, y se le relaciona con plantas como la albahaca, el tomillo y la salvia. El pariente más cercano de Damballah es su esposa, Ayida Wedo, y a menudo se los representa juntos en su danza cósmica, que representa el ciclo de la creación y el renacimiento. Otros Loa con los que se le asocia son Ogoun, el Loa guerrero, y Legba, el guardián de la puerta. En la tradición vudú haitiana, Damballah es conocido por su calma y serenidad, y se dice que su voz es como una suave brisa que lleva consigo los secretos del universo. También se le conoce por su gran poder, fuerza y capacidad curativa, y a veces se le invoca en momentos de enfermedad o angustia.

Las ofrendas a Damballah suelen consistir en agua pura y limpia y ron blanco u otros licores blancos. También se le asocia con los huevos, que simbolizan la fertilidad y los nuevos comienzos. Los signos de que ha recibido y aceptado ofrendas incluyen un sentimiento de paz y calma y la sensación de estar en presencia de una gran sabiduría y poder. Los vuduistas celebran a Damballah durante el festival anual Vudú, así como durante el Mardi Gras y otros acontecimientos culturales. Sus seguidores suelen bailar y cantar en su honor, ofreciendo plegarias y regalos a este poderoso y antiguo Loa.

Agwe

Agwe, el Loa del mar, es una figura poderosa y enigmática del panteón del vudú de Luisiana. Conocido por su feroz lealtad y su potente magia, es venerado por marineros, pescadores y todos aquellos que se ganan la vida en el mar. Se dice que Agwe aparece como un hombre de piel oscura y presencia imponente, a menudo vestido con atuendos navales o marítimos. Se le asocia con el color azul y entre sus símbolos figuran anclas, conchas y peces. Su velo es un diseño complejo e intrincado con olas, caballitos de mar y una representación de su barco sagrado.

En algunas tradiciones, Agwe se sincretiza con el santo católico San Ulrico de Augsburgo, a quien se atribuyen poderes milagrosos sobre el agua. Sin embargo, muchos practicantes del vudú de Luisiana consideran a Agwe una deidad por derecho propio, que no debe confundirse con ninguna otra figura. Las correspondencias de Agwe incluyen objetos relacionados con el mar, como las algas, el coral, la sal marina y los colores azul y blanco. También se le asocia con las hierbas vetiver y angélica.

Agwe está relacionado con su esposa, la diosa del amor y la belleza, Ezili Freda, el Barón Samedi y los Loa de la muerte y el renacimiento. Su condición de maestro del mar le enfrenta a menudo con los Loa de la tierra, como Papa Legba y Damballah. Las tradiciones relacionadas con Agwe lo describen como una figura poderosa y ferozmente protectora, dispuesta a hacer todo lo posible para defender a sus devotos. Le gustan especialmente los niños, y en sus altares suelen dejarse ofrendas de juguetes y dulces como muestra de devoción.

Entre las ofrendas preferidas por Agwe se encuentran el pescado, el marisco y el ron, a menudo depositados en su recipiente sagrado, que se guarda en su altar. Las señales de que ha recibido y aceptado una ofrenda pueden incluir movimiento o actividad desde el recipiente sagrado y sueños o visiones del mar. Los devotos de Agwe le rinden homenaje de diversas formas, entre ellas una procesión anual en barco por el río Misisipi, conocida como la Bendición de la Flota. Este acontecimiento suele incluir ofrendas a Agwe y a otros Loa, así como música tradicional, bailes y banquetes. Los devotos también pueden honrar a Agwe en altares caseros o en reuniones comunitarias, sobre todo las relacionadas con el mar o el agua.

Loko

Loko, el Loa de la vegetación, es un poderoso espíritu que desempeña un papel importante en el vudú de Luisiana. A menudo se le representa como un hombre alto y delgado, vestido con un traje de hojas verdes y sosteniendo una azada o un machete. El aspecto de Loko refleja su conexión con la naturaleza y su papel como agricultor que cultiva la tierra y proporciona alimentos a la gente. El veve de Loko, o símbolo sagrado, es una serie de líneas y círculos interconectados, a menudo representados en verde y marrón. Se utiliza en las ceremonias para invocar la presencia y las bendiciones de Loko.

En el vudú de Luisiana, Loko suele sincretizarse con San Isidro, patrón de los agricultores. Esta asociación subraya el aspecto agrícola del carácter de Loko y su importancia para mantener al pueblo. Las correspondencias de Loko incluyen los colores verde y marrón, así como plantas como el maíz, las judías y la calabaza, que tradicionalmente se cultivan juntas en la agricultura de los nativos americanos. Estas plantas representan el papel de Loko como cultivador y proveedor de sustento. Mantiene una estrecha relación con otros Loa de la agricultura y la fertilidad, como Ayizan, el Loa del mercado, y Azaka, el Loa de la cosecha. Juntos, garantizan que la tierra sea fértil y que la gente se alimente.

Hay que tener cuidado con el temperamento rápido de este Loa y su tendencia a actuar impulsivamente. En algunas historias, se le describe como testarudo y difícil de tratar, pero también como un feroz protector de aquellos que le honran. Su personalidad refleja la imprevisibilidad de la naturaleza y los retos a los que se enfrentan quienes dependen de la tierra para sobrevivir.

Para honrar a Loko, a menudo se dejan ofrendas de productos frescos, especialmente maíz, en los cruces de caminos o en otros espacios al aire libre. Las señales de que Loko ha recibido y aceptado una ofrenda pueden incluir el susurro de las hojas, la repentina aparición de una brisa o el sonido de una azada golpeando el suelo. Loko suele celebrarse en Nueva Orleans durante el Festival Vudú anual y en ceremonias más pequeñas y privadas a lo largo del año. Durante estas ceremonias, los participantes cantan y bailan en honor de Loko, invocando su poder para traer abundancia y fertilidad a la tierra.

Azaka

Azaka, también conocido como Azaka Medeh, es un Loa asociado con la agricultura y la tierra. Se cree que es un espíritu poderoso que puede bendecir las cosechas, traer la lluvia y ayudar a las personas que dependen de la tierra para su sustento. Es un hombre alto y musculoso, con un físico musculoso y la fuerza de un buey. A menudo se le representa con un sombrero de paja y un machete en la mano, símbolos ambos de su relación con la agricultura. El veve de Azaka es un símbolo complejo que incluye la imagen de un arado y otras herramientas agrícolas. Suele dibujarse en blanco sobre un fondo verde, que simboliza la fertilidad y el crecimiento.

Este poderoso Loa está sincretizado con San Isidro, patrón de los agricultores. Este sincretismo refleja la importancia de la agricultura en la sociedad haitiana y cómo las creencias tradicionales se han incorporado a la práctica del catolicismo en Haití. Los colores asociados a Azaka son el verde, el marrón y el amarillo, y sus ofrendas favoritas son el maíz, las judías y otros productos agrícolas. Sus hierbas son la albahaca, la verbena y la artemisa, a las que se atribuyen propiedades espirituales y medicinales.

Azaka está estrechamente asociado con su hermano Guede, que es el Loa de la muerte y del inframundo. Juntos forman un poderoso dúo al que se atribuye la capacidad de traer fertilidad y abundancia a la tierra. En el vudú haitiano, se cree que Azaka tiene una personalidad jovial y generosa. A menudo se le considera un espíritu bondadoso y benévolo dispuesto a ayudar a los necesitados. Es especialmente venerado por los campesinos y los que dependen de la tierra para vivir.

Para honrar a Azaka, la gente suele crear altares y ofrecerle regalos de comida, bebida y tabaco. También se celebran rituales y danzas en su honor, sobre todo durante las temporadas de siembra y cosecha. En Nueva Orleans, Azaka se celebra durante el Festival Vudú anual, que tiene lugar en el histórico Barrio Francés de la ciudad. Durante el festival, los participantes rinden tributo al Loa a través de la música, la danza y otras formas de expresión artística.

Ogou

Ogou, el poderoso guerrero Loa del vudú, es conocido por su fuerza, su valor y su carácter inquebrantable. Feroz protector y defensor del pueblo, a menudo se le invoca por sus habilidades en la batalla y como mediador en las disputas. En la tradición vudú, Ogou suele ser representado como un hombre apuesto, fuerte y viril, vestido de militar, con armas en las manos y un semblante feroz. Su imagen se asocia a menudo con el rojo, símbolo de su pasión, poder y energía.

El veve de Ogou es un símbolo complejo, que representa su condición de guerrero y su asociación con el fuego, el rayo y el trueno. A menudo se dibuja en forma de tridente, simbolizando los tres aspectos de Ogou: el guerrero ardiente, el mediador de cabeza fría y el espíritu profundo y sabio. Algunas tradiciones sincréticas asocian a Ogou con Santiago el Mayor, cuya festividad se celebra el 25 de julio. Como santo guerrero, Santiago comparte muchas características con Ogou, y muchas de las historias asociadas a Santiago se han adaptado a la mitología de Ogou.

En términos de correspondencia, Ogou se asocia a menudo con el color rojo y el hierro, el acero y otros metales. Entre sus ofrendas favoritas se encuentran el ron, los puros, los alimentos picantes, las espadas, los cuchillos y otras armas. También se le asocia con la albahaca, hierba a la que se atribuyen propiedades protectoras y que suele utilizarse en ofrendas y rituales en honor a Ogou. Se sabe que Ogou mantiene complejas relaciones con otros Loa. A menudo se le asocia con el espíritu fogoso y apasionado de Changó, y a veces se le considera rival de Legba, el Loa más seductor y sensual. También está estrechamente relacionado con la Tierra y sus fuerzas elementales. A veces se le asocia con el Loa de la encrucijada, Papa Legba.

En cuanto a la tradición, Ogou es conocido por su valentía, su fuerza y su agudo sentido de la justicia. A menudo se le pide que proteja a los vulnerables y defienda a los débiles, y a veces se le asocia con la imagen del caballero de brillante armadura. Cuando los devotos quieren honrar a este Loa, hay muchos rituales y prácticas diferentes asociados a este poderoso y venerado Loa. A menudo se hacen ofrendas de ron, tabaco y alimentos picantes a Ogou, y a veces se le invoca en ceremonias con espadas y otras armas. Ogou suele celebrarse en Nueva Orleans durante el Mardi Gras, cuando muchos practicantes del vudú honran a su poderoso y protector espíritu con desfiles, música y bailes.

Ti-Jean Petro

Ti-Jean Petro es un Loa del vudú de Luisiana que encarna la juventud, la vitalidad y el ardiente espíritu de rebelión. A menudo es invocado por aquellos que quieren superar obstáculos, defenderse y cambiar sus vidas. Su aspecto suele ser el de un hombre joven de piel oscura y complexión musculosa. Puede llevar una espada, un machete u otra arma, y a menudo se le ve con un pañuelo rojo atado a la cabeza. Su veta es un complejo patrón geométrico entrelazado que representa su naturaleza ardiente y su determinación. Suele estar dibujado en rojo o negro y suele ir acompañado de símbolos de otros Loa con los que Ti-Jean Petro mantiene estrechas relaciones, como Papa Legba, Ezili Dantor y el Barón Samedi.

Como Petro Loa, Ti-Jean Petro no está sincretizado con ningún santo católico, sino que se le rinde culto por derecho propio. Las correspondencias de este Loa incluyen el rojo y el negro y hierbas y plantas como la pimienta roja, el jengibre y el tabaco. También se le asocia con los elementos del fuego y el agua, que simbolizan su doble naturaleza como espíritu ardiente de rebelión y protector de la comunidad. En cuanto a sus relaciones con otros Loa, Ti-Jean Petro suele ser visto como compañero del guerrero Loa Ogou. También está estrechamente vinculado a Ezili Dantor, la feroz y protectora figura materna a la que invocan a menudo las mujeres que buscan ayuda en cuestiones de amor y protección. Las tradiciones relacionadas con Ti-Jean Petro lo describen como un espíritu ardiente y rebelde que no teme defenderse a sí mismo ni a los demás. Se le conoce por su feroz determinación y su voluntad de luchar por la justicia y la igualdad.

Para honrar a Ti-Jean Petro se suelen ofrecer velas rojas y negras, ron y puros. Algunos practicantes también ofrecen alimentos picantes, como salsa picante, para reconocer su asociación con el elemento fuego. Los signos de que ha recibido y aceptado su ofrenda pueden incluir velas que arden de forma brillante y constante y una sensación de fuerza interior y determinación. Ti-Jean Petro suele celebrarse durante el Festival Vudú anual de Nueva Orleans, donde se le invoca en rituales y se le honra con ofrendas de ron y puros. Además, se le suele invocar durante ceremonias y ritos personales, en los que se le pide que ayude a las personas a superar obstáculos y alcanzar sus objetivos.

Capítulo 7: Cree su altar vudú

La importancia de su altar vudú

No es necesario que tenga un santuario o un altar en su casa, pero lo cierto es que tener uno aumentará y fortalecerá su conexión con los espíritus. Podrá sentirlos más en su vida, y esto es algo bueno. En la práctica del vudú, los altares se consideran el corazón y el alma del espacio espiritual de cada uno. Son el lugar donde puede conectar con lo divino, una representación física de sus creencias más íntimas y un recordatorio visual de la importancia de su práctica espiritual.

Un altar vudú[35]

Su altar es su espacio sagrado, y puede ser tan sencillo o tan elaborado como usted quiera. Puede ser una pequeña estantería o una gran mesa, y puede contener diversos objetos significativos para usted y su práctica espiritual. Los altares son un lugar de culto y reflexión donde puede buscar guía, consuelo o simplemente un momento de paz.

En el vudú, los altares no son sólo lugares donde exponer objetos bonitos o piezas decorativas. Son un punto focal de su práctica, donde puede ofrecer oraciones, hacer ofrendas e invitar a los espíritus a que vengan y habiten con usted. Puede adornar su altar con velas, flores, cristales y otros objetos sagrados que tengan un significado para usted.

También es importante recordar que un altar es algo vivo. Es un reflejo de su relación con los espíritus y debe cuidarse con esmero y reverencia. Puede limpiar su altar, renovar las ofrendas y ajustar la colocación de los objetos para crear un entorno armonioso y pacífico. Crear un altar no es sólo exhibir objetos bellos. Un acto espiritual de devoción profundiza su conexión con lo divino. Es un espacio donde puede sentirse libre para ser usted mismo, expresar sus esperanzas y temores, y buscar guía y apoyo. Puede encender una vela, ofrecer un poco de incienso y sentarse a contemplar en silencio, sabiendo que nunca está solo y que los espíritus siempre están con usted. Así que, al embarcarse en su viaje vudú, recuerde la importancia de crear un espacio sagrado donde pueda conectar con los espíritus. Su altar es un lugar de reverencia, una representación visual de su práctica espiritual y un recordatorio de la presencia divina que le rodea siempre.

Elegir un espacio sagrado

Crear un altar vudú es un acto sagrado que requiere intención y atención. El primer paso en este proceso es elegir el espacio perfecto para su altar. Debe buscar un lugar que le haga sentir en paz, donde pueda pasar tiempo reflexionando y conectando con el mundo espiritual. A la hora de elegir un lugar para su altar, debe tener en cuenta la energía del espacio. ¿Es tranquilo y relajante, o caótico y desordenado? Lo ideal es crear un altar en un espacio sagrado y armonioso.

Otra consideración importante es la privacidad. Debe elegir un espacio en el que pueda instalar su altar y realizar sus rituales sin ser molestado. Este espacio debe estar dedicado exclusivamente a su práctica espiritual, para que pueda concentrar su energía y sus intenciones sin distracciones. Recuerde, el espacio que elija será el hogar de su altar vudú, un lugar donde conectará con lo divino y se comunicará con los espíritus. Elegir un lugar que sienta seguro y acogedor es importante. Por lo tanto, tómese su tiempo, y elija el espacio que le hable. Puede ser un rincón tranquilo de su dormitorio, un rincón acogedor de su salón o un lugar tranquilo en su jardín. Elija el lugar que elija, asegúrese de que le gusta y de que es un espacio que podrá dedicar a su práctica espiritual durante años.

Materiales necesarios

Puede que se pregunte por qué debe crear un altar para su práctica vudú. La respuesta es sencilla: depende de sus preferencias personales y del Loa con el que desee trabajar. Sin embargo, puede seguir algunas pautas generales para asegurarse de que tiene lo que necesita.

En primer lugar, es importante saber dónde conseguir los materiales para su altar. Puede encontrar muchos artículos en su tienda espiritual o metafísica local o incluso en Internet. También puede encontrar artículos en la naturaleza, como ramas, piedras y hierbas. Pero independientemente de dónde los consiga, es importante asegurarse de que son de buena calidad y de que encajan con usted y con su práctica. Tenga en cuenta que los elementos que se requieren para un altar vudú varían, y los elementos utilizados pueden depender de la tradición específica o el Loa que se honra. Sin embargo, algunos elementos comunes se encuentran típicamente en un altar vudú.

La pieza central de un altar vudú suele ser una vela grande, que representa la luz del Loa. La vela debe colocarse en el centro del altar y debe ser el elemento más alto del altar. El color de la vela puede variar en función del Loa al que se honre.

El altar puede cubrirse con un paño de color, rojo o blanco, para honrar al Petro Loa o al Rada Loa, respectivamente.

Puede tener objetos decorativos como estatuas, flores, raíces, amuletos, talismanes, piedras y cualquier otra cosa con la que resuene. También querrá incienso, aceites e incluso perfumes. Otros artículos que se encuentran comúnmente en un altar vudú incluyen:

- **Agua:** Representando el elemento del agua, que se asocia con el Loa, el agua se coloca generalmente en un pequeño plato o tazón en el altar. Esta agua debe cambiarse todos los días.
- **Ofrendas:** Las ofrendas pueden incluir comida, bebida, tabaco u otros objetos que sean agradables a los Loa. Las ofrendas específicas pueden variar dependiendo del Loa al que se honre.

- **Veve:** Debe tener los símbolos religiosos que representan al Loa con el que está trabajando.
- **Bolsas de gris-gris:** Las bolsas gris-gris son pequeñas bolsas llenas de hierbas, raíces, piedras y otros objetos a los que se atribuyen propiedades mágicas. Suelen utilizarse para la protección, la suerte o para atraer el amor. Puede colocar en el altar las que más le sirvan.
- **Altar ancestral:** Un altar ancestral es un altar independiente dedicado a honrar a los espíritus de los antepasados del practicante. Suele colocarse cerca del altar vudú principal y puede incluir objetos como fotografías de los antepasados, velas y ofrendas.

Una regla general es que si algo está conectado con alguno de los Loa con los que está trabajando o tiene un significado profundo para usted y lo pone en contacto con su lado espiritual, puede ponerlo en el altar para potenciar su poder. Tenga en cuenta que puede utilizar una estantería, una mesa o incluso un armario para colocar su altar. Puede colocar imágenes de los Loa, sus velos o los santos con los que están sincretizados para atraer su energía a su altar. Coloque una vela blanca en un lado del altar y una roja en el otro. Una campana es otro elemento útil porque eleva inmediatamente la vibración del lugar cuando la hace sonar, y ayuda a deshacerse de cualquier espíritu no deseado que merodee por los alrededores.

Bendición y limpieza de los objetos

Es importante limpiar y bendecir los objetos que vaya a utilizar para montar su altar. La limpieza elimina cualquier energía negativa o impurezas que puedan estar presentes, mientras que la bendición infunde los elementos con energía positiva y el poder de los espíritus. Un método de limpieza consiste en utilizar el humo de la quema de hierbas, como la salvia o el palo santo. Para ello, encienda las hierbas y deje que el humo impregne los objetos, pronunciando una oración o conjuro mientras lo hace. Por ejemplo, puede decir: *«Grandes espíritus de la tierra y el cielo, limpien estos objetos y purifíquenlos. Que sean una ofrenda sagrada para usted»*.

Otro método de limpieza consiste en utilizar agua salada. Llene un cuenco con agua y añada un puñado de sal marina. Luego, sumerja cada objeto en el agua salada y rece una oración o conjuro, como *«Que el poder del océano elimine cualquier negatividad de estos objetos y los bendiga con el poder del mar»*. Un tercer método de limpieza consiste en enterrar los objetos en la tierra. Busque un lugar al aire libre, cave un pequeño agujero y entierre los objetos durante unos días. Así, la tierra absorberá la energía negativa e infundirá energía positiva a los objetos. Cuando desentierre los objetos, rece una oración o conjuro como *«Gran Madre Tierra, bendice estos objetos con el poder de la Tierra y los espíritus de la tierra»*.

Una vez limpios los objetos, es importante bendecirlos. Una forma de hacerlo es utilizar agua bendita o un aceite de bendición. Sumerja los dedos en el agua o el aceite y haga la señal de la cruz u otro símbolo sobre cada objeto. Mientras lo hace, rece una oración o conjuro, como *«Que estos objetos sean bendecidos por los espíritus y se llenen del poder de lo divino»*.

También puede utilizar un cristal u otro objeto cargado. Sostenga el cristal en la mano y coloque los objetos sobre él, recitando una oración o conjuro, como «Que el poder de este cristal bendiga estos objetos y les infunda energía positiva y el poder de los espíritus». Supongamos que quiere bendecir los objetos de otra forma. En ese caso, podría utilizar un ritual o una ceremonia, como una ceremonia de luna llena o un círculo de oración. Reúnase con personas de ideas afines y recen oraciones o conjuros, pidiendo a los espíritus que bendigan los objetos y los llenen de energía positiva.

Quizá se pregunte: «¿Qué problema hay si no limpio y bendigo estos objetos? ¿Por qué no puedo montar mi altar y ya está?». En el vudú de Luisiana, se cree que todo tiene energía o esencia espiritual, incluidos los objetos de su altar. Supongamos que estos objetos no están debidamente limpiados y bendecidos. En ese caso, pueden llevar energía negativa o estancada, que puede interferir con la eficacia de su altar y el poder de sus rituales. Sin una limpieza adecuada, cualquier energía o intención negativa que pueda haber estado asociada al objeto, ya sea durante su fabricación o durante su uso previo, podría afectar negativamente a su altar. Además, si no bendice los objetos de su altar, puede estar desaprovechando todo su potencial, ya que se cree que los *propios objetos* tienen una esencia espiritual y pueden contribuir a la eficacia de su altar y sus rituales.

Además, no cuidar adecuadamente los objetos del altar puede considerarse una falta de respeto hacia los espíritus y la práctica del vudú. Esta falta de respeto y atención a los detalles a veces puede ser visto como una falta de respeto e incluso puede ofender a los espíritus o antepasados que están siendo honrados en el altar. Por lo tanto, usted tiene que dar la debida atención y cuidado a los elementos de su altar, ya que desempeñan un papel integral en su práctica y la relación con los espíritus. Limpiar y bendecir adecuadamente los objetos de su altar garantiza que estén listos para ser utilizados en sus rituales y que contribuyan a la eficacia general de su práctica.

Preguntas frecuentes

¿Qué es un altar?

Un altar es un espacio sagrado para conectar con los espíritus, los ancestros y los Loa.

¿Necesito un altar para practicar el vudú?

No, no necesita un altar para practicar el vudú, pero es muy recomendable, ya que proporciona un punto focal para su práctica espiritual.

¿Puedo tener varios altares?

Sí, puede tener varios altares para diferentes propósitos o para honrar a diferentes espíritus o Loa.

¿Cómo elijo un lugar para mi altar?

Elija un lugar tranquilo y privado, donde pueda concentrarse en su práctica espiritual sin distracciones.

¿Qué objetos debo tener en mi altar?

Los elementos que debe tener en su altar dependen de los Loa o espíritus con los que esté trabajando, pero algunos elementos comunes incluyen velas, agua, flores, estatuas o imágenes de los Loa o espíritus, y ofrendas como comida o bebida.

¿Puedo dedicar un altar a dos Loa?

Sí, puede dedicar un altar a varios Loa si tienen una fuerte conexión o si funcionan bien juntos.

¿Debe utilizar mi altar alguien que no sea yo?

No, su altar es un espacio personal y sagrado y sólo debe ser utilizado por usted y las personas de su confianza.

¿Puedo decorar mi altar con objetos no tradicionales?

Sí, puede decorar su altar con objetos que tengan un significado personal para usted, siempre que no contradigan las creencias y prácticas espirituales del vudú.

¿Cómo debo mantener mi altar?

Debe limpiar y ordenar su altar con regularidad, cambiar el agua y las ofrendas, y sustituir los objetos que se hayan desgastado o dañado.

¿Puedo trasladar mi altar a otro lugar?

Sí, puede trasladar el altar a otro lugar si es necesario, pero debe limpiar y bendecir los objetos y el espacio de nuevo después del traslado.

¿Puedo tener un altar al aire libre?

Sí, puede tener un altar al aire libre, pero debe protegerlo de los elementos y tener en cuenta las leyes y normativas locales.

¿Puedo tener un altar en un espacio compartido?

Sí, puede tener un altar en un espacio compartido, pero debe respetar las creencias y prácticas de quienes le rodean y mantener el altar limpio y ordenado.

¿Puedo utilizar un altar provisional?

Sí, puede utilizar un altar temporal si lo necesita, por ejemplo cuando viaja o si no dispone de un espacio permanente.

¿Puedo tener un altar virtual?

Sí, puede tener un altar virtual, como una imagen digital o un sitio web, pero debe tratarlo con respeto y mantenerlo como si fuera un altar físico.

¿Con qué frecuencia debo limpiar y bendecir los objetos de mi altar?

Debe limpiar y bendecir los objetos de su altar con regularidad, por ejemplo, una vez a la semana o antes y después de rituales u ofrendas importantes.

¿Para qué sirve limpiar y bendecir los objetos del altar?

La limpieza y la bendición de los objetos del altar eliminan las energías negativas o no deseadas y los imbuyen de energías positivas y protectoras para mejorar su práctica espiritual.

¿Cómo limpio los objetos de mi altar?

Puede limpiar los objetos de su altar utilizando métodos como la limpieza con humo de salvia o palo santo, baños de agua salada o colocándolos a la luz directa del sol o de la luna.

¿Cómo bendigo los objetos de mi altar?

Puede bendecir sus objetos de altar con oraciones o conjuros, ungiéndolos con aceites o agua bendita, o exponiéndolos a energías o símbolos sagrados.

¿Puedo utilizar en mi altar objetos comprados en la tienda?

Sí, puede utilizar objetos comprados en la tienda. Sólo asegúrese de limpiarlos primero y bendecirlos también.

¿Puedo guardar mi altar en un armario u otro espacio cerrado?

Por lo general, se recomienda guardar el altar en un espacio abierto y de fácil acceso para que los espíritus puedan interactuar con él. Sin embargo, si por razones prácticas necesita guardarlo en un armario u otro espacio cerrado, puede seguir trabajando con él. Eso sí, tenga cuidado cuando trabaje con velas encendidas.

¿Puedo utilizar hierbas y otros materiales naturales para mi altar?

Sí, el uso de hierbas y otros materiales naturales es una práctica común en el vudú. Solo asegúrese de limpiarlos y bendecirlos apropiadamente antes de usarlos en su altar.

¿Puedo usar huesos de animales u otras partes de animales en mi altar?

El uso de huesos de animales u otras partes de animales es una práctica común en algunas formas de vudú, pero es importante asegurarse de que los animales son de origen ético y que usted tiene el conocimiento adecuado y el respeto para trabajar con ellos.

¿Puedo utilizar objetos de otras prácticas espirituales en mi altar?

Aunque algunos objetos de otras prácticas espirituales pueden ser apropiados para su altar, es importante que se asegure de que son compatibles con el vudú y que los limpie y bendiga adecuadamente.

¿Puedo crear un altar para un propósito o intención específica, como la curación o la prosperidad?

Sí, crear un altar para un propósito o intención específica es una práctica común en el vudú. Sólo asegúrese de elegir elementos que sean apropiados para su intención y de limpiarlos y bendecirlos adecuadamente.

¿Puedo utilizar mi altar para la adivinación u otras prácticas espirituales?

Sí, su altar puede utilizarse para la adivinación, la oración y otras prácticas espirituales. Sólo asegúrese de limpiar y bendecir adecuadamente los objetos antes de utilizarlos para cada propósito.

¿Puedo utilizar un altar para los panteones Rada y Petro Loa al mismo tiempo?

Por favor, no lo haga, ya que los panteones son completamente diferentes y no funcionan juntos de esta manera. Debe tener altares diferentes, o por lo menos, debe haber una demarcación muy clara en su altar para mostrar que un lado es para el Petro y el otro para el Rada.

Capítulo 8: Usted y la sabiduría de sus antepasados

La importancia de los ancestros en el vudú de Luisiana no se puede remarcar lo suficiente. De hecho, la práctica se basa en la veneración y el culto a los que vinieron antes. Los antepasados se consideran un puente entre los reinos espiritual y físico, una conexión sagrada y poderosa.

En el vudú de Luisiana, los espíritus de los antepasados son honrados y respetados por su guía, protección y sabiduría. Se cree que velan por sus descendientes y ofrecen apoyo, amor y bendiciones a quienes los honran. Se cree que los antepasados pueden influir en su vida de forma profunda, positiva o negativamente.

La conexión con los ancianos y los antepasados es crucial para la práctica del vudú[26]

Mediante el culto a los antepasados, el vuduista trata de cultivar una relación con quienes le han precedido, aprovechando sus conocimientos y experiencia para que le guíen en su propio camino. A su vez, los devotos ofrecen a los antepasados amor, respeto y reconocimiento, honrando su presencia en sus vidas y el impacto que siguen teniendo en ellas. La importancia de los antepasados es evidente en el tejido mismo del vudú de Luisiana. El uso de altares ancestrales, rituales y ofrendas es un aspecto clave de la tradición. Estos altares se adornan con fotografías, velas, flores y otros objetos que conectan con los antepasados. A través de estas ofrendas puede comunicarse con sus antepasados, mostrarles su amor y respeto y buscar su guía y sabiduría.

El papel de los antepasados

Los antepasados desempeñan un papel esencial en esta práctica, en la que se reconocen y veneran distintos tipos de ancestros. Estos ancestros son sanguíneos, espirituales y culturales, y cada uno desempeña un papel único en la existencia espiritual y física del individuo.

Ancestros de sangre: Los ancestros de sangre son aquellos que están biológicamente relacionados con el individuo, como abuelos, padres y hermanos. En el vudú de Luisiana, se cree que los antepasados de sangre vigilan y guían a sus descendientes. El individuo puede acceder a su sabiduría y guía reconociéndolos y venerándolos.

Antepasados espirituales: Estos antepasados no están relacionados biológicamente con el individuo, sino que están conectados a través de un linaje espiritual. Pueden ser practicantes de vudú, líderes comunitarios o figuras espirituales influyentes. En el vudú de Luisiana, se cree que los antepasados espirituales ofrecen protección, guía y bendiciones a sus descendientes espirituales.

Antepasados culturales: Los ancestros culturales son aquellos que están conectados con el individuo a través de su herencia cultural, como ser ancestros africanos, nativos americanos o europeos. Ofrecen una conexión con las raíces, la herencia y la historia del individuo, y pueden aportar información sobre las prácticas culturales que han conformado su identidad espiritual y física.

Cada tipo de antepasado desempeña un papel importante en la vida y práctica espiritual del individuo, ofreciéndole una perspectiva y una orientación únicas. Al reconocer y venerar a cada tipo de antepasado, el individuo puede desarrollar una conexión más profunda con su herencia espiritual y cultural y acceder a la sabiduría y las bendiciones de los que vinieron antes que él.

Cómo le ayudan sus antepasados

Le ofrecen orientación: Sus antepasados pueden orientarle a la hora de tomar decisiones y afrontar los retos de la vida. Tienen una gran riqueza de conocimientos y experiencia que pueden ofrecerle. Han vivido situaciones y retos similares a los suyos y han adquirido una sabiduría y una perspicacia que pueden compartir con usted.

Al conectar con sus antepasados, está accediendo a una fuente de orientación que puede ayudarle a tomar decisiones y a afrontar los retos de la vida. Sus antepasados pueden guiarle de muchas formas, como a través de los sueños, la intuición y las señales del mundo físico. También pueden comunicarse con usted a través de herramientas de adivinación como las cartas del tarot, los péndulos o los tableros de espíritus. Estos métodos pueden ofrecerle ideas, consejos y apoyo para ayudarle a tomar las mejores decisiones para usted y para su vida.

Le protegen: Sus antepasados pueden ofrecerle protección y tienen el poder contra las energías negativas y los daños. Esta protección puede ser física, emocional o espiritual. Los antepasados pueden ayudarle a protegerle del peligro y de las influencias negativas y ofrecerle consuelo y apoyo cuando se sienta vulnerable o solo.

Cuando conecta con sus antepasados, abre un canal para que su energía protectora fluya en su vida. Invitarlos a su práctica y dedicarles un espacio en su altar crea un vínculo sagrado que les permite vigilarle y mantenerle a salvo. Los antepasados también pueden ofrecerle protección ayudándole a reconocer y evitar situaciones peligrosas. Se benefician de la experiencia y la sabiduría de sus propias vidas.

Le ayudarán a crecer espiritualmente: Conectar con sus antepasados puede ayudarle en su viaje espiritual y en su crecimiento personal. En el vudú de Luisiana, el crecimiento espiritual se valora mucho y es esencial para la práctica. Se cree que los antepasados son seres altamente espirituales que han pasado al mundo de los espíritus y pueden guiar a sus descendientes en su propio viaje espiritual. Al conectar con sus antepasados, los practicantes del vudú pueden obtener valiosos conocimientos, sabiduría y comprensión de las prácticas y enseñanzas espirituales transmitidas de generación en generación.

Se cree que los antepasados, especialmente aquellos conocidos por ser líderes espirituales o religiosos, han adquirido una gran cantidad de conocimientos y experiencias espirituales que pueden transmitir a sus descendientes. A través de la comunicación ancestral, un practicante puede recibir orientación, consejos y enseñanzas que le ayuden a desarrollarse espiritualmente y a comprender mejor su camino espiritual. Los ancestros también pueden proporcionar seguridad y consuelo, ayudando a los practicantes a encontrar su camino en los momentos difíciles. A través de la comunicación ancestral, puede conocer mejor sus puntos fuertes y débiles e identificar las áreas en las que debe centrar sus esfuerzos para seguir creciendo espiritualmente. Esto puede conducir a un conocimiento más profundo de uno mismo y ayudarle a avanzar en su viaje espiritual con mayor confianza y claridad.

Pueden ayudarle con la manifestación: Sus antepasados pueden ayudarle a manifestar sus metas y deseos. Los antepasados son seres espirituales poderosos, capaces de intervenir en la vida de sus descendientes vivos. Tienen una profunda conexión con el reino espiritual y pueden actuar como intermediarios entre el mundo físico y el espiritual. Como resultado, pueden ayudar a manifestar los objetivos y deseos de sus descendientes vivos. Cuando conecta con sus antepasados, aprovecha el poder de su linaje y recurre a la fuerza y las capacidades espirituales de sus antepasados. Sus antepasados pueden proporcionarle orientación y apoyo para alcanzar sus metas y deseos. Al trabajar en colaboración con ellos, puede invocar a sus antepasados para que le ayuden a manifestar sus intenciones.

Por ejemplo, supongamos que busca abundancia económica. En ese caso, es una buena idea conectar con aquellos antepasados conocidos por su perspicacia para los negocios o su riqueza. Puede hacer ofrendas y pedir a sus antepasados que guíen y bendigan sus esfuerzos financieros. De este modo, los antepasados pueden ayudar a manifestar sus deseos de abundancia y éxito. Sus antepasados pueden ser cocreadores de su realidad junto con usted si se lo permite. Trabajar con ellos es una forma más fácil de vivir la vida que hacerlo por su cuenta. No sólo debe buscarlos cuando necesite algo, sino que debe recurrir a ellos todo el tiempo para que la conexión entre ustedes se mantenga fuerte.

Rituales para conectar con los antepasados

Ahora es el momento de conectar con sus antepasados. Tenga en cuenta que puede modificar su altar vudú para adaptarlo a la conexión con sus antepasados simplemente colocando en él objetos para recordarlos a ellos y a sus intereses o que lleven su energía. Por ejemplo, si tiene un objeto de uno de sus padres o abuelos, puede colocarlo en el altar. Lo mismo ocurre con sus fotografías. También puede utilizarlos como punto de contacto para todos los demás antepasados que hayan fallecido antes que ellos. Dicho esto, los siguientes son rituales prácticos que puede utilizar para ponerse en contacto con ellos siempre que lo necesite.

Ritual del altar de los antepasados

1. Elija un espacio para su altar de los antepasados, como un rincón de su habitación o una estantería especial.

2. Reúna los materiales para su altar, incluyendo un paño blanco, velas, incienso, fotos de sus antepasados y cualquier ofrenda que desee hacer.

3. Limpie y bendiga los objetos del altar antes de colocarlos sobre él, empezando por el paño blanco sobre la superficie del altar y colocando después todo lo demás de forma ordenada. Deje espacio en el centro del altar para cualquier objeto con el que quiera interactuar, de modo que pueda colocarlo allí y apartarlo cuando termine.

4. Encienda las velas y el incienso e invite a sus antepasados a unirse a usted rezando una oración o un conjuro. La oración no tiene por qué ser compleja. Puede decir simplemente: *«Mis antepasados, los que estaban aquí antes de que yo respirara por primera vez, los invito aquí y ahora. Gracias por honrarme con su presencia. Gracias por su embelesada atención a mis deseos y por responder a mis plegarias».*

5. Ahora, entrégueles las ofrendas que haya elegido. Puede hacerlo simplemente levantando cada una en el aire en su honor y colocándola en el centro del altar.

6. Si tiene algo que quiera compartir con ellos o preguntarles, ahora es el momento de hacerlo. Cuando haya terminado, confíe en que le han escuchado y obtendrá una respuesta. Asegúrese también de darles las gracias.

Ritual del cementerio de los antepasados

1. Elija una tumba de un antepasado o un cementerio local.
2. Lleve ofrendas como flores, velas, comida y bebida para dejar en la tumba.
3. Encienda velas e incienso para crear una atmósfera sagrada.
4. Hable con su antepasado y ofrézcale sus dones e intenciones.
5. Escuche cualquier mensaje o guía de su antepasado.
6. Dé las gracias a su antepasado antes de abandonar el cementerio.

Supongamos que los cementerios le resultan espeluznantes, pero tiene un objeto que perteneció a un antepasado o una foto suya. En ese caso, puede realizar los pasos 2 a 6 con la imagen o el objeto. Eso también será suficiente.

Ritual de meditación de los antepasados

1. Busque un lugar tranquilo y cómodo para sentarse frente al altar de su antepasado.
2. Encienda un poco de incienso o una vela para crear una atmósfera sagrada.
3. Cierre los ojos y respire profundamente unas cuantas veces para centrarse.
4. Visualice una luz brillante que lo rodea, y luego imagine a sus antepasados de pie a su alrededor, rodeándole con su energía.
5. Tómese un momento para sentir su presencia y conectar con ellos.
6. Pida a sus antepasados que compartan con usted cualquier guía, sabiduría o mensaje que tengan para usted.
7. Escuche su respuesta a través de la intuición, visiones o incluso mensajes audibles. Tenga en cuenta que es posible que no reciba una respuesta de inmediato. Alternativamente, puede simplemente sentarse y disfrutar de la sensación de aprecio y anticipación de que la respuesta le llegará en algún momento, ya sea durante la meditación o más adelante.
8. Cuando se sienta preparado, agradezca a sus antepasados su presencia y guía, y ofrézcales agua, flores o comida.
9. Abra lentamente los ojos y vuelva al momento presente.

Por favor, recuerde que cuando se trata de la meditación de los ancestros, «su kilometraje puede variar». Cada persona tiene experiencias diferentes, y lo más probable es que necesite practicar esto más de una vez para conectar con sus antepasados. Así que no sea duro con usted mismo si siente que no ha pasado nada después de un intento. La constancia, la paciencia y la confianza son vitales.

Consejos para mantener el contacto

1. Guarde una foto de su antepasado en su altar o en un lugar especial de su casa donde pueda verla a menudo. Podría tenerla en la puerta, para tener que saludarlo antes de salir de casa cada día.
2. Encienda una vela o queme un poco de incienso en honor a su antepasado cada día o en ocasiones especiales.
3. Cree una ofrenda especial para su antepasado, como su comida o bebida favorita, y colóquela en su altar o en su tumba. Puede hacerlo semanalmente. Si se trata de comida o bebida, debe dejarla en el altar durante algún tiempo, ya sea toda la noche o sólo durante algunas horas. Luego puede deshacerse de ella arrojándola al exterior para liberar la ofrenda a sus antepasados.
4. Reserve un tiempo cada día para meditar y conectar con sus antepasados. Haga que esto no sea negociable, algo así como lavarse los dientes.
5. Escriba una carta a su antepasado y exprésele sus pensamientos y sentimientos. Puede quemarla o guardarla como recuerdo en una caja especial dedicada a ellos. Asuma que ellos se encargarán de todo lo que escriba y que vaya a parar a esa caja.
6. Pida orientación o consejo a su antepasado cuando se enfrente a decisiones difíciles.
7. Lleve un diario para documentar cualquier señal o mensaje de su antepasado.
8. Visite la tumba de su antepasado y lleve flores u otras ofrendas.
9. Cree un altar ancestral donde pueda honrar a sus antepasados y mantener viva su memoria.
10. Comparta historias y tradiciones sobre sus antepasados con su familia y amigos para mantener vivo su recuerdo para las generaciones futuras.

Ética y responsabilidades del trabajo con los antepasados

En el vudú de Luisiana, trabajar con los antepasados se considera una práctica sagrada que conlleva responsabilidades éticas y morales. Se cree que cuando se pide ayuda a los antepasados, éstos responden de la misma manera y ofrecen orientación y protección. Sin embargo, es importante recordar que este privilegio conlleva la responsabilidad de honrar y respetar a los antepasados y sus tradiciones.

Una de las consideraciones éticas más importantes a la hora de trabajar con los antepasados es ser claro sobre sus intenciones y pedir siempre su consentimiento antes de emprender cualquier ritual o práctica. Nunca debe forzar o coaccionar a sus antepasados para que hagan algo que vaya en contra de su voluntad o sus creencias. Otra responsabilidad clave es mantener un alto nivel de respeto y reverencia hacia sus antepasados. Esto puede hacerse mediante ofrendas constantes, como encender velas o incienso en su altar y realizar regularmente rituales y oraciones en su honor. También es importante recordar que sus antepasados pueden tener sus propias personalidades y preferencias, y es importante honrar y respetar esas diferencias. Por ejemplo, algunos antepasados pueden preferir determinadas ofrendas o no responder bien a ciertos rituales o prácticas.

Por último, es fundamental recordar que trabajar con los ancestros es una vía de doble sentido. Del mismo modo que busca su guía y protección, es importante ofrecerles su gratitud y aprecio. Esto puede hacerse a través de ofrendas regulares y actos de servicio, como el voluntariado o una donación benéfica en su honor.

Ahora que entiende la importancia de involucrar a sus ancestros en su vida diaria como vuduista, es el momento de echar un vistazo a algunos de los puntos importantes del vudú que han sido muy malinterpretados, para que sepa exactamente cómo hacer que trabajen para usted.

El próximo capítulo arrojará luz sobre los amuletos y más.

Capítulo 9: Muñecos vudú y amuletos

Si ha aprendido algo sobre el vudú, probablemente ya conozca el muñeco vudú, el más popular de los amuletos. Sin embargo, hay otros amuletos en el vudú de Nueva Orleans, y va a aprender sobre ellos y más en este capítulo.

Muñecos vudú[27]

El muñeco vudú

Seguro que ha oído hablar alguna vez del muñeco vudú, el diminuto muñeco de trapo que se utiliza para lanzar hechizos o causar daño a alguien. Pero la realidad de los muñecos vudú es muy distinta del estereotipo que se presenta en películas y programas de televisión. Un muñeco vudú es un muñeco hecho a mano que representa a una persona y que suele utilizarse para curar, bendecir o proteger. El muñeco está imbuido de la energía de la persona a la que representa y se cree que es una manifestación física de esa persona. No se utiliza para hacer daño o lanzar hechizos, sino para ayudar a conectar con la persona a la que representa.

Históricamente, en África Occidental, los muñecos se utilizaban en ceremonias religiosas para representar a antepasados o deidades. Cuando los africanos esclavizados llegaron a América, trajeron consigo sus tradiciones espirituales, incluido el uso de muñecos en prácticas religiosas. Con el tiempo, el uso de muñecos evolucionó y se adaptó al nuevo entorno hasta convertirse en parte integrante del vudú de Luisiana. Por desgracia, la representación de los muñecos vudú en la cultura popular ha creado una serie de conceptos erróneos. Mucha gente cree que los muñecos vudú se utilizan para hacer daño o controlar a los demás, pero eso no es cierto. El vudú de Luisiana es una religión que hace hincapié en la curación, la protección y la conexión con los antepasados y los espíritus, no en el daño o la manipulación. Así que, la próxima vez que vea un muñeco vudú en una película o en la televisión, recuerde que no es una representación exacta de las bellas y complejas prácticas espirituales del vudú de Luisiana.

Gris-Gris

Un *gris-gris* es un amuleto muy poderoso utilizado en el vudú de Luisiana. Es una pequeña bolsa llena de varios objetos, como hierbas, piedras y otras curiosidades, que se cree que tienen poder espiritual. Este amuleto se utiliza con diversos fines, como la protección, la suerte, el amor e incluso para causar daño a un enemigo. El gris-gris tiene sus raíces en tradiciones espirituales africanas que llegaron a América durante la trata de esclavos. La práctica de utilizar amuletos para protegerse de los malos espíritus o la mala suerte existe desde hace siglos, y el gris-gris es sólo uno de los muchos ejemplos.

Una idea errónea sobre el gris-gris es que siempre se utiliza con fines maléficos. Si bien es cierto que el gris-gris puede utilizarse para dañar a un enemigo, a menudo se emplea con fines más positivos, como la protección y la suerte. Otro concepto erróneo es que las bolsas de gris-gris siempre las hace un sacerdote o sacerdotisa vudú. Si bien es cierto que algunas bolsas de gris-gris son fabricadas por practicantes con una formación especial, también es posible fabricar su propio gris-gris en casa.

Así que no le tenga miedo al gris-gris. Es un amuleto fascinante y poderoso que puede utilizarse para una gran variedad de fines. Sólo asegúrese de que lo utiliza por las razones correctas y con la orientación adecuada.

Bolsas de mojo

En primer lugar, una bolsa de mojo no es un accesorio bonito para añadir a su atuendo; es una poderosa herramienta utilizada en el vudú de Luisiana y en las tradiciones hoodoo. Una bolsa de mojo es esencialmente una pequeña bolsa mágica que contiene ciertos ingredientes, como hierbas, raíces, cristales u objetos personales, que se cree que traen suerte, protección, amor o cualquier otro resultado deseado. Estas bolsas también se conocen como «manos de mojo» o «bolsas de conjuro», dependiendo de la tradición concreta.

En el pasado, los esclavos y otros grupos marginados utilizaban bolsas de mojo para protegerse y fortalecerse. Las creaban con los materiales que tenían a mano, como hierbas, raíces y objetos personales como el pelo o la ropa. Creían que llevar estas bolsas les ayudaría a superar obstáculos y les traería buena suerte. Sin embargo, a pesar de su importancia histórica, todavía existen algunos conceptos erróneos sobre las bolsas de mojo; al igual que el gris-gris, algunos asumen que las bolsas de mojo son malas noticias. La verdad es que se pueden utilizar tanto para el bien como para el mal. Todo depende de sus intenciones que, esperemos, sean buenas.

Materiales y herramientas para fabricar amuletos

Cuando se trata de hacer amuletos, ya sea un muñeco vudú, gris-gris, o una bolsa de mojo, hay una variedad de materiales que se pueden utilizar para crear algo muy poderoso y eficaz. Algunos materiales comunes incluyen:

- **Hierbas:** Diferentes hierbas pueden representar diferentes cosas, como el romero para la protección o la lavanda para la curación.
- **Aceites:** Los aceites esenciales pueden ungir el amuleto e imbuirlo de ciertas energías o propiedades.
- **Piedras:** Los cristales y otras piedras pueden potenciar la energía del muñeco y añadirle cualidades específicas, como la amatista para la protección espiritual o el citrino para la abundancia.
- **Tela:** El color de la tela que elija también puede tener un significado. Por ejemplo, la tela roja puede utilizarse para el amor o la pasión, y la verde para la prosperidad.
- **Amuletos:** Se pueden añadir pequeñas baratijas al muñeco vudú, gris-gris o bolsa de mojo para aumentar su poder. Por ejemplo, se puede añadir una llave pequeña para atraer el éxito o el dinero. También puede añadir otros amuletos juntos para darle más fuerza.
- **Otros materiales:** Otros materiales que puede considerar son plumas, conchas u otros objetos que tengan un significado personal para usted.

Además de los materiales, también necesitará algunas herramientas para crear su muñeco vudú. Algunas herramientas comunes son:

- **Aguja e hilo:** Los necesitará para coser el muñeco, la bolsa de mojo o el gris-gris.
- **Tijeras:** Serán necesarias para cortar la tela y cualquier otro material que vaya a utilizar.
- **Alfileres:** Los alfileres le ayudarán a mantener las cosas en su sitio mientras cose.
- **Relleno:** Necesitará algo para rellenar el muñeco. Algunas personas utilizan algodón u otros materiales blandos, mientras que otras prefieren hierbas u otros materiales para dotar al muñeco de propiedades sobrenaturales adicionales.
- **Mortero:** Sirve para moler las hierbas y convertirlas en un polvo fino.
- **Ungüentario:** Puede ser un pequeño pincel. También se puede utilizar un dedo para untar el amuleto con aceite.

Elegir los materiales adecuados es fundamental para crear un amuleto eficaz. Deberá tener en cuenta sus intenciones y elegir materiales que se ajusten a sus objetivos. Por ejemplo, supongamos que está haciendo un amuleto para protección. En ese caso, puede elegir materiales como la raíz de angélica y el chile, conocidos por sus propiedades protectoras. Si quiere hacer un amuleto para el amor, puede elegir materiales como pétalos de rosa o aceite de rosa, que se asocian con el amor y el romance. Recuerde que cuanto más intencionados sean sus materiales, más poderoso será su amuleto.

Cómo hacer un muñeco vudú

Materiales:

- Un trozo de tela del color que prefiera
- Aguja e hilo
- Material de relleno (algodón, lana o similar)
- Hierbas, piedras, aceites u otros artículos para utilizar como adornos o para que combinen con sus intenciones
- Tijeras
- Herramientas de limpieza y bendición (como salvia o palo santo)

Pasos a seguir

1. Comience limpiando su espacio de trabajo y sus herramientas con salvia o palo santo. Esto ayudará a limpiar cualquier energía negativa y a preparar el espacio para su intención.

2. Elija la tela que quiere utilizar para su muñeco. El color y el tipo de tela pueden variar en función de sus intenciones. El rojo suele utilizarse para el amor y la pasión, el verde para el dinero y la abundancia, y el blanco para la purificación y la curación. Recorte dos trozos idénticos de tela con la forma de su muñeco.

3. Coloque los dos trozos de tela uno encima del otro con los lados opuestos hacia fuera. Cósalos por los bordes, dejando una pequeña abertura para el relleno.

4. Dé la vuelta a la tela. Así ocultará las costuras y tendrá una superficie limpia para trabajar.

5. Rellene el muñeco con el material de relleno. Asegúrese de que quede bien apretado, pero no tanto como para que el muñeco pierda la forma.

6. Cosa la abertura que dejó para el relleno.
7. Ahora es el momento de añadir los adornos. Pueden ser hierbas, piedras o aceites, según su intención. Utilice una aguja e hilo para unir estos elementos al muñeco, teniendo en cuenta la colocación y el simbolismo de cada elemento.
8. Cuando haya terminado de añadir los adornos, sujete el muñeco entre las manos y rece una oración o bendición sobre él. Pida a sus antepasados o deidades que impregnen el muñeco con la energía de su intención.
9. Respire sobre el muñeco tres veces. Esto sirve para activar la energía del muñeco y ponerlo a trabajar en sus intenciones y oraciones.
10. Su muñeco vudú está ahora completo y puede ser utilizado en su práctica espiritual.

Recuerde mantener su intención clara y enfocada mientras crea el muñeco, y utilice materiales que coincidan con esa intención. Esto ayudará a asegurar que el muñeco sea una herramienta poderosa en su práctica espiritual. Puede consultar el capítulo sobre los distintos aceites, hierbas y raíces que puede utilizar para su muñeco.

Cómo hacer un Gris-Gris

Materiales:
- Bolsa pequeña de tela o cuero
- Hierbas, raíces y/o piedras apropiadas para sus intenciones
- Objetos personales, como recortes de pelo o uñas
- Cinta o cordel para cerrar la bolsa
- Aguja e hilo
- Tijeras

Pasos a seguir
1. Elija una bolsita de tela o cuero para su gris-gris. Debe ser lo suficientemente grande como para que quepan los ingredientes elegidos, pero lo suficientemente pequeña como para llevarla fácilmente con usted.
2. En función de sus intenciones, decida qué hierbas, raíces o piedras quiere utilizar para su gris-gris. Es posible que quiera investigar las

correspondencias de las diferentes hierbas y piedras para hacer la elección más adecuada.
3. Limpie y bendiga sus materiales antes de empezar. Puede que quiera rezar una oración o recitar un canto para este fin.
4. Disponga todos sus materiales frente a usted, de modo que sean fácilmente accesibles.
5. Tome la bolsita y empiece a llenarla con los ingredientes que haya elegido. Añada las hierbas, raíces y/o piedras y cualquier objeto personal que quiera incluir. A medida que añada cada elemento, concéntrese en sus intenciones y visualícelas haciéndose realidad.
6. Una vez que haya añadido todos los materiales, ate la bolsa con una cinta o cordel. Es posible que quiera anudarla varias veces para asegurarse de que permanece cerrada.
7. Cosa la bolsa con aguja e hilo para sellar sus intenciones en el interior. Mientras lo hace, concentre su energía en sus deseos y visualícelos haciéndose realidad.
8. Cuando haya terminado de coser la bolsa, limpie y bendiga el gris-gris una vez más. Es posible que quiera recitar una oración o un canto para este fin.
9. Respire tres veces sobre la bolsa gris-gris para activar su poder.
10. Lleve el gris-gris siempre con usted o colóquelo en un lugar donde lo vea con frecuencia. Puede recargarlo periódicamente sosteniéndolo y concentrando su energía en sus intenciones.

Recuerde que se trata de instrucciones básicas. Es posible que quiera modificarlas en función de sus preferencias y prácticas. También es importante recordar que el gris-gris y otros amuletos deben usarse de forma ética y responsable, con la intención de beneficiarse usted mismo y los demás.

Cómo hacer una bolsa de mojo

Materiales:
- Tela
- Aguja e hilo
- Sus hierbas preferidas
- Sus aceites preferidos

- Talismanes (puede incluir gris-gris)
- Artículos personales
- Un cordón o una cuerda normal
- Papel de petición (papel con su intención escrita)

Pasos a seguir

1. En primer lugar, tome la tela y recorte un trozo rectangular. Doble esa tela recortada por la mitad.
2. A continuación, cosa la tela doblada sólo por tres lados, de modo que quede un lado abierto. En ese lado abierto irá el cordón.
3. Dé la vuelta a la bolsa cosida. Alrededor del lado abierto de la bolsa, cree una costura.
4. Cosa la costura abierta, acordándose de hacer dos agujeritos para que pase el cordón. Deslice el cordón, sujetándolo a través de la bolsa mientras lo empuja hasta que salga por el otro agujero.
5. Escoja los aceites, talismanes, hierbas y demás cosas que quiera meter en la bolsa. Asegúrese de elegir objetos que coincidan con la intención que tiene.
6. Coloque su papel de petición con su intención dentro de la bolsa.
7. Respire tres veces sobre todo lo que hay en la bolsa. Esto sirve para activar el poder de la bolsa y ponerla a trabajar en su intención de inmediato.
8. Tire del cordón hasta que la bolsa quede bien cerrada. A continuación, anude el cordón tres veces.
9. Lleve la bolsa a su altar y rece a los Loa y a sus antepasados para que hagan realidad su deseo. Puede ungirla con aceite si lo desea.
10. Cuando haya terminado, colóquela en algún lugar fuera de la vista de otras personas. Si lo desea, puede dormir con ella bajo la almohada cada noche.

Tenga en cuenta que puede utilizar estos amuletos para cualquier cosa que desee, ya sea para las finanzas, la salud, el bienestar emocional, la protección, la provisión, el aumento del poder espiritual, deshacerse de la mala suerte, aumentar la buena suerte, etc.

Cómo deshacerse de su amuleto

Cuando su amuleto haya alcanzado la intención que había fijado, puede que quiera deshacerse de él. He aquí cómo hacerlo:

- En primer lugar, agradezca al amuleto todo lo que ha hecho por usted. Dé las gracias también a sus antepasados y a los Loa.
- Dígale al amuleto que ya es hora de que libere el poder que tiene y deje de funcionar. Encienda una vela o incienso y quémelo junto al amuleto para expresar gratitud y liberar su poder.
- Cuando haya terminado, retire todos los efectos personales que tenga en el amuleto, ya sean uñas, cabellos, fotos, etcétera. Puede conservarlos si lo desea o deshacerse de ellos en algún lugar alejado del amuleto.
- Por último, es hora de deshacerse del amuleto. Si se trata de un amuleto negativo o destinado a librarse de malas situaciones, debe quemarlo o tirarlo a un río o arroyo. Si era un amuleto para atraer cosas buenas o para buenas intenciones, puede enterrarlo en algún lugar cerca de un árbol para que desprenda allí su buena energía, o puede quemarlo si lo desea.

Hablemos de ética

La ética es básicamente la moral por la que se rige todo el mundo. Es lo que la gente usa para determinar las decisiones correctas que debe tomar. Los códigos éticos difieren de una práctica religiosa a otra. Pero, en general, los temas comunes son la responsabilidad, el respeto, la justicia, la honradez, la compasión y la equidad. He aquí algunas directrices generales sobre la ética en el trabajo con amuletos.

1. **Utilice estos amuletos sólo con buenas intenciones.** Tiene que parar y preguntarse si sus razones están justificadas antes de hacer y usar los amuletos. Está bien usarlos para el éxito, la paz, la protección, el amor y cosas de esa naturaleza, pero no está bien usarlos para maldecir o herir a alguien, especialmente si no tiene una razón válida para hacerlo.
2. **Por favor, haga todo lo posible por honrar el significado profundo de cada ingrediente que decida poner en el amuleto.** Una vez más, revise el capítulo que informa sobre el significado de las hierbas, las raíces y los colores. También puede investigar un poco más

para aprender más sobre lo que está bien usar y cómo adquirir éticamente los materiales.
3. **Siempre debe respirar sobre su amuleto.** Esto le dará vida y hará que empiece a trabajar para usted. Esta activación es absolutamente vital.
4. **Si se encuentra con el amuleto de otra persona, no lo toque ni intente utilizarlo.** Si tiene curiosidad, pida permiso primero antes de hacer preguntas o tocar los objetos.
5. **Siempre debe rezar a sus Loa y antepasados para hacerles saber cuáles son sus intenciones para los amuletos.** Dígales qué resultados quiere obtener. Confíe en que le ayudarán. Tenga en cuenta que debe interactuar con ellos respetuosamente, así que no intente ordenarles que hagan cosas por usted. Manténgase humilde, y mantenga una vibra de agradecimiento.
6. **Puede y debe considerar recargar sus hechizos.** Puede hacerlo rezando sobre ellos o ungiéndolos con aceite. Puede hacerlo con regularidad. También es una buena idea hablar a su amuleto como si fuera una persona real, porque tiene su propia conciencia. Si la idea de hablarle a su amuleto le resulta extraña, debería hacer una pausa y recordar que todas las cosas han sido creadas por Bondye, y todas están llenas de su luz y su vida. Hablar con su amuleto no tiene nada de extraño. Al fin y al cabo, Bondye lo creó y le habló a través de su Loa, y a él no le parece raro.

Trabajar con amuletos es una forma poderosa de practicar el vudú y convertirlo en algo muy real en su vida diaria.

Así que tómese un momento para pensar en sus mayores deseos. ¿Para qué podría hacer un amuleto? ¡Vaya por ello!

Capítulo 10: Hechizos y rituales vudú para probar

En los ritmos del vudú, hay una estructura sagrada en los rituales que se han transmitido de generación en generación. Como en una danza, los pasos no sólo se sienten, sino que se conocen con el corazón, y cada movimiento se hace con reverencia. Las cuatro fases distintas de un ritual son:

- Preparación
- Invocación
- Posesión
- Despedida

En primer lugar, comience la preparación. Es un momento de limpieza, tanto del cuerpo como del espíritu. Puede bañarse con hierbas y aceites para purificarse, barrer el espacio para librarlo de energía negativa y encender velas e incienso para llamar a los espíritus. Es el momento de fijar intenciones y conectar con lo divino.

A continuación, comience la invocación. Aquí es donde se llama a los espíritus. Cada Loa, o espíritu, tiene su propio veve, un símbolo que se dibuja en el suelo con harina de maíz o de trigo, y se hacen ofrendas para honrarlos. El veve sirve de puerta para que los Loa entren en el reino físico y, a través de ella, puedan comunicarse con el vuduista. Los Loa no son los únicos invocados desde el reino de los espíritus. Los vuduistas también invocan a sus antepasados para que participen en los acontecimientos.

Después llega el momento de la posesión. El Loa entra en el cuerpo de la persona elegida, a menudo llamada «caballo», y a través de este recipiente puede comunicarse con el reino humano. El caballo puede bailar o hablar en lenguas ajenas, y a través de esta experiencia extática, se refuerza la conexión con lo divino.

Por último, llega la despedida. Es el momento de devolver a los espíritus a su reino para agradecer su presencia y guía. Las ofrendas hechas durante la invocación se entregan a los espíritus y se borra el velo, cerrando la puerta entre los dos mundos. De este modo, el ritual vudú es como una oración, una canción que se canta para conectar con lo divino. Es una danza sagrada, una comunicación con los espíritus que han estado presentes desde el principio de los tiempos.

Ahora que entiende la estructura básica de los hechizos y rituales del vudú, es hora de que practique algunos hechizos y agarre el truco de las cosas. Comencemos con algunos poderosos hechizos de protección. Por favor, no se asuste con los pasos de «posesión» porque se trata sólo de dejar que la energía de su intención, el Loa, los antepasados, y todos los materiales con los que está trabajando fluyan a través de usted. Si no puede sentirlo, sólo imagine que puede, y visualícelo como una hermosa luz que recorre su cuerpo.

Hechizos de protección

Hechizo de protección con escudo

Materiales:
- 1 vela blanca
- 1 vela negra
- 1 bolsita de sal marina
- 1 amuleto de San Miguel
- 1 trozo de madera de ciprés
- 1 trozo de tela negra
- 1 trozo de tela blanca

Preparación:
1. Busque un espacio tranquilo y seguro para realizar el ritual.
2. Limpie el espacio quemando salvia o palo santo.

Invocación:
1. Encienda la vela blanca para representar la pureza y la protección de sus antepasados y seres queridos.
2. Encienda la vela negra para representar las energías negativas que desea desterrar y de las que desea protegerse.
3. Espolvoree sal marina alrededor del espacio para purificarlo y protegerlo.
4. Invoque al poderoso y protector espíritu de San Miguel para que le ayude en este ritual. Puede decir: *«San Miguel, te invoco para que me protejas y me escudes de todo mal. Por favor, préstame tu fuerza y coraje para enfrentarme a cualquier obstáculo que se presente en mi camino».*
5. Invoque al espíritu del Barón Samedi, Loa de la muerte y protector del cementerio, colocando el trozo de madera de ciprés sobre el altar. Puede decir: *«Barón Samedi, invoco tu poder para que me protejas de cualquier daño espiritual que pueda sobrevenir. Te pido que bendigas este trozo de madera de ciprés y lo imbuyas con tus energías protectoras».*

Posesión:
1. Tome el trozo de madera de ciprés y envuélvalo en el paño blanco.
2. Coloque el amuleto de San Miguel encima de la madera de ciprés.
3. Envuelva la madera de ciprés y el amuleto en el paño negro.
4. Sostenga el manojo en sus manos y visualice una luz blanca que le rodea, protegiéndolo de todas las energías negativas. Sienta cómo esta energía se apodera de su cuerpo y de su mente, lo «posee» he inunda con su poder.
5. Ate el fardo con una cuerda o hilo negro y colóquelo en un lugar seguro y sagrado.

Despedida:
1. Agradezca al Barón Samedi y a San Miguel su ayuda y protección.
2. Apague las velas y deshágase de ellas de forma segura.

3. Agradezca a sus antepasados por su protección y guía.
4. Espolvoree sal marina alrededor del perímetro del espacio para cerrar y sellar el ritual.

Baño de protección bayou

Materiales:
- Agua florida
- Romero (o cualquier hierba protectora)
- Pétalos de rosa secos
- 1 cucharada de sal negra
- 1 vela blanca
- Aceite de romero (o cualquier aceite protector)

Preparación:
1. Comience limpiando su baño con agua florida o cualquier hierba protectora como salvia o romero.
2. Prepare un baño caliente y añada un puñado de pétalos de rosa secos, una cucharada de sal negra y una pizca de hierbas protectoras como laurel, albahaca o menta.
3. Encienda una vela blanca a un lado de la bañera y coloque un pequeño recipiente con agua al otro lado.

Invocación:
1. Invoque a Papa Legba, el Loa que actúa como guardián entre los mundos, para que abra las puertas y ofrezca su protección. Puede recitar un canto o una oración como: *«Papa Legba, guardián de la encrucijada, te invoco para que abras el camino y me mantengas a salvo de cualquier daño. Deja que tu luz me guíe a través de las sombras y mantenme protegido en tus manos».*
2. Invoque a sus antepasados pronunciando sus nombres y pidiéndoles que le ofrezcan su guía y protección durante este ritual.

Posesión:
1. Métase en la bañera y deje que el agua caliente le abrace. Cierre los ojos y concéntrese en su intención de ser protegido del daño, la negatividad y cualquier cosa que pueda amenazar su bienestar.

2. Vierta unas gotas de aceite protector, como romero, lavanda o incienso, en la frente, el pecho y los pies.
3. Visualice un escudo de luz blanca que le rodea, repeliendo cualquier negatividad y creando una barrera de protección.

Despedida:
1. Cuando se sienta preparado, agradezca a Papa Legba y a sus antepasados su protección y guía.
2. Vacíe la bañera y espolvoree un puñado de sal negra alrededor del desagüe para sellar la protección.
3. Apague la vela y deseche las hierbas sobrantes fuera de su casa.

Nota: Este baño puede hacerse en cualquier momento que sienta la necesidad de protección, pero es particularmente útil durante la luna menguante o en momentos de estrés, ansiedad o incertidumbre. Utilice una vela blanca para la pureza, la claridad y la protección. También puede utilizar otros colores que se correspondan con su intención, como el negro para desterrar la negatividad, el morado para la protección espiritual o el verde para la protección física. Utilice aceites con propiedades protectoras, como romero para la purificación, lavanda para la paz o incienso para la fuerza espiritual. Las hojas de laurel son conocidas por sus poderes protectores, y además añaden un agradable aroma al baño.

Para la salud
Aguas curativas de Loko

Materiales:
- 1 vela blanca
- 1 taza de agua fresca
- 1 paño blanco
- 1 bolsita con tabaco, menta y consuelda (puede usar sólo una de estas hierbas)
- Aceite de menta (puede utilizar eucalipto o lavanda en su lugar)

Preparación:
1. Reúna el material necesario.
2. Limpie su espacio y a usted mismo con una nube de salvia o palo santo.

3. Aderece la vela con aceite.

Invocación:

1. Encienda la vela blanca y colóquela sobre un paño blanco.

2. Invoque a Loko, el Loa de la curación y la transformación, recitando su oración e invocando su veve con tiza blanca o harina en el suelo:

   «Gran Loko, espíritu de los vientos y de los árboles, te pido humildemente tu toque sanador. Que tus suaves vientos me traigan el bálsamo calmante de tu gracia, y que tu poderosa fuerza me transforme de la enfermedad a la plenitud. Loko, te invoco para que te unas a mí en este espacio sagrado, para que me bendigas y me protejas, y para que me guíes en el camino de la curación».

3. Esparza las hierbas y raíces de Loko alrededor de la vela y el paño blanco.

Posesión:

1. Vierta la taza de agua fresca en la bolsita de hierbas y raíces y déjela reposar unos minutos.

2. Cierre los ojos y visualice la energía de Loko fluyendo por su cuerpo, limpiándole y curándole de cualquier dolencia física o emocional.

3. Abra la bolsita y vierta el agua curativa sobre la cabeza y el cuerpo, dejando que elimine cualquier energía negativa o enfermedad. Puede recitar el nombre de Loko o una oración mientras se baña en el agua curativa.

4. Cuando se sienta totalmente inmerso en la energía curativa de Loko, apague la vela.

Despedida:

1. Agradezca a Loko sus bendiciones y su poder curativo, y despídase de él con gratitud y respeto.

2. Deshágase de las hierbas y raíces en un entorno natural, como un jardín o un bosque.

Guarde el paño blanco como recordatorio del ritual de curación y lleve con usted el saquito de hierbas y raíces para que le sigan protegiendo y curando.

Hechizo de la vela curativa de Loko

Materiales

- 1 vela blanca
- Bolígrafo y papel
- Una gota de aceite de laurel
- Una pizca de raíz de jengibre
- Una pizca de hisopo
- Una pizca de romero

Preparación:

1. Empiece por preparar su espacio. Despeje la zona de cualquier desorden o distracción, y asegúrese de que tiene todos los materiales que necesita.
2. Encienda la vela blanca y respire profundamente para centrarse.

Invocación:

1. A continuación, invoque a Loko recitando la siguiente invocación:
2. *«Gran Loko, espíritu de curación, escucha mi llamada. Te pido que me bendigas con tu energía curativa y devuelvas la salud a mi cuerpo, mente y alma. Te invoco, Loko, para que me ayudes en este momento de necesidad».*

Posesión:

1. Tome el trozo de papel y escriba cualquier problema de salud o preocupación que tenga actualmente. Coloque el papel delante de la vela.
2. Tome una gota de aceite de laurel y unja la vela, empezando por la parte superior y bajando hasta la base. Mientras unge la vela, concéntrese en la intención de sanación e imagine que la energía sanadora de Loko llena el espacio.
3. Tome una pizca de raíz de jengibre, hisopo y romero y espolvoréelos alrededor de la vela.
4. Encienda la vela y centre su atención en la llama. Visualice la energía curativa de Loko atravesando la llama y entrando en su cuerpo, llenándole de vitalidad y fuerza.

5. Repita el siguiente canto tres veces:

«Loko, gran sanador, invoco tu poder.

Trae tu energía, en esta hora de curación.

Devuélveme la salud y hazme fuerte.

Gran Loko, cúrame, y corrige lo que está mal».

Despedida:

1. Una vez que la vela se haya consumido por completo, deshágase de los restos y agradezca a Loko su energía curativa.

2. Cierre el ritual con la siguiente afirmación

«Al apagar esta vela, mi ritual ha terminado.

Pero la energía curativa de Loko permanecerá.

Gracias, Loko, por tu presencia y ayuda.

Ahora estoy curado, en tu poder y en tu nombre».

Este ritual utiliza la vela blanca, que representa la pureza y la claridad, y las hierbas de raíz de jengibre, hisopo y romero, conocidas por sus propiedades curativas. También se utiliza aceite de laurel para ungir la vela, conocido por sus cualidades protectoras y curativas.

Para las finanzas
Hechizo de Bendiciones Abundantes

Materiales:

- 1 vela verde
- Manzanilla y hojas de laurel
- Raíz de jengibre
- Aceite de albahaca
- Una bolsita o saquito verde
- Un papelito y un bolígrafo

Preparación:

1. Limpie el espacio donde tendrá lugar el ritual.

2. Prepare un altar con la vela verde en el centro y las hojas de manzanilla y laurel, la raíz de jengibre, el aceite de albahaca y una bolsita o saquito sobre el altar.

3. Encienda la vela verde.

Invocación:

1. Invoque a Papa Legba, el Loa que abre las puertas a las oportunidades, con el siguiente canto:

   «Papa Legba, guardián de las encrucijadas,

   Escucha mi llamada y abre el camino.

   Bendíceme con abundancia y prosperidad,

   Y guíame hacia el éxito cada día».

2. Tómese unos momentos para meditar sobre su intención de invocar la abundancia y la prosperidad y visualizar el flujo de riqueza y recursos en su vida.

Posesión:

1. En el pequeño trozo de papel, escriba su intención y deseos de prosperidad y abundancia.
2. Unja el papel con aceite de albahaca y colóquelo en la bolsita o saquito verde.
3. Añada las hojas de manzanilla y laurel, y la raíz de jengibre a la bolsita o saquito.
4. Sostenga la bolsita o saquito en sus manos, y concentre su energía e intención de llamar a la abundancia y la prosperidad.
5. Cante lo siguiente

   «La abundancia y la prosperidad fluyen hacia mí,

   La riqueza y el éxito llegan fácilmente.

   Como yo quiera, así será».

Despedida:

1. Agradezca a Papa Legba su ayuda y guía.
2. Apague la vela verde.

Guarde la bolsita verde en su persona o en un espacio seguro y sagrado para seguir manifestando abundancia y prosperidad en su vida.

Baño de la abundancia de Ezili

Materiales:
- 8 velas verdes
- Aceite de pachulí
- Canela en polvo
- Hojas de laurel
- Dinero, preferiblemente en forma de monedas

Preparación:
1. Limpie la zona del baño barriendo el suelo y lavando las superficies con agua y jabón suave.
2. Coloque las velas verdes alrededor de la bañera, en círculo.
3. Encienda las velas y apague las luces artificiales.

Invocación:
1. Invoque a sus antepasados para que le guíen y protejan durante el ritual.
2. Invoque a Loa Ezili Freda, conocida por su capacidad para traer riqueza y prosperidad, para que se una al ritual y ofrezca sus bendiciones.

Posesión:
1. Vierta agua tibia en la bañera y añada unas gotas de aceite de pachulí al agua.
2. Espolvoree canela en polvo y hojas de laurel machacadas en el agua para atraer la abundancia y la prosperidad.
3. Visualícese rodeado de riqueza y abundancia. Visualícelo en su mente como una energía verde que le posee y le llena.
4. Métase en la bañera y sumérjase en el agua durante al menos 20 minutos, concentrándose en sus intenciones de abundancia y prosperidad financiera.
5. Mientras se remoja, tome las monedas y láncelas al agua, visualizando que se multiplican y aumentan de valor.

Despedida:
1. Cuando haya terminado, levántese y deje que el agua abandone la bañera, visualizando que cualquier bloqueo o energía negativa se va

con el agua.

2. Apague las velas y agradezca a Ezili Freda y a sus antepasados su guía y bendiciones.

Nota: Las velas verdes y las hojas de laurel representan la riqueza y el dinero, mientras que se cree que el aceite de pachulí atrae la abundancia. La canela se utiliza por sus propiedades energéticas. Al invocar a Ezili Freda, se busca la ayuda de Loa para manifestar riqueza y prosperidad. Por último, el acto de arrojar monedas al agua es un gesto simbólico para atraer el dinero y la prosperidad.

Para el amor
Bain d'Amour (Baño de Amor)

Materiales:
- 2 velas rosas
- Un puñado de pétalos de rosa
- 1 taza de miel
- ½ taza de aceite de oliva
- ½ taza de aceite de lavanda
- ½ taza de canela en polvo
- 1 manzana roja
- 1 trozo de papel y un bolígrafo

Preparación:
1. Límpiese y limpie el baño antes de comenzar el ritual.
2. Encienda las velas rosas y colóquelas en un lugar seguro del cuarto de baño.
3. Corte la manzana roja en trozos pequeños y resérvela.
4. Escriba su nombre y el de su pareja deseada en el trozo de papel.

Invocación:
1. Siéntese frente a las velas y respire profundamente tres veces para centrarse.
2. Invoque a Loa Ezili Freda para que bendiga su baño ritual para el amor.

3. Sostenga el trozo de papel con los nombres en la mano y diga sus intenciones para el ritual.
4. Espolvoree pétalos de rosa alrededor de las velas y en el suelo del baño, creando un camino hacia la bañera.
5. Añada la canela en polvo al agua de la bañera.

Posesión:
1. Vierta la miel, el aceite de oliva y el aceite de lavanda en el agua de la bañera mientras remueve en el sentido de las agujas del reloj.
2. Coloque los trozos de manzana en el agua del baño.
3. Entre en la bañera y sumérjase por completo en el agua.
4. Visualícese en una relación amorosa y comprometida con la pareja deseada. Exprese sus intenciones en voz alta o en su mente.
5. Permanezca en la bañera al menos 15 minutos, concentrándose en sus intenciones y sintiendo la energía del ritual.
6. Cuando haya terminado, salga de la bañera y deje que el agua se vaya.

Despedida:
1. Agradezca a Ezili Freda y a sus antepasados su presencia y ayuda.
2. Apague las velas y deseche los restos del baño.
3. Lleve con usted el trozo de papel con los nombres hasta que se manifiesten sus intenciones.
4. Entregue los trozos de manzana restantes como ofrenda a la naturaleza o entiérrelos en la tierra.

Nota: Los colores de las velas que coinciden con la intención del ritual son el rosa, que representa el amor y el romance. Las hierbas y aceites que coinciden con la intención son los pétalos de rosa, el aceite de lavanda y la canela en polvo, que tienen propiedades asociadas con el amor y la atracción. Ezili Freda es la Loa asociada con el amor, la belleza, la prosperidad y la feminidad, lo que la convierte en una elección apropiada para este ritual. Como en todos los rituales vudú, es importante invocar a los antepasados para que nos guíen y protejan.

Para la suerte
Hechizo de la mano afortunada

Materiales:
- Vela verde
- Raíz de la mano afortunada
- Hierba de cinco dedos
- Aceite de canela
- Aceite de pachulí

Preparación:
1. Prepare un espacio limpio y tranquilo para el ritual.
2. Reúna todos los materiales necesarios.
3. Aderece la vela verde con una mezcla de aceites de canela y pachulí.
4. Coloque la raíz de la mano afortunada y la hierba de los cinco dedos en un cuenco o plato.

Invocación:
1. Encienda la vela verde y colóquela frente a usted.
2. Sostenga la raíz de la mano afortunada en la mano izquierda y la hierba de los cinco dedos en la mano derecha.
3. Cierre los ojos y respire profundamente, despejando la mente.
4. Invoque a Loa Ezili Danto, asociada con la buena suerte y la prosperidad, diciendo:

   «Ezili Danto, poderosa Loa de la buena suerte, te invoco para que me bendigas con tu presencia divina. Escucha mi plegaria, concédeme tu protección y concédeme el poder de la buena fortuna».

5. Mantenga la raíz de la mano afortunada y la hierba de los cinco dedos cerca de la llama de la vela, permitiendo que el calor libere sus aromas y energías.
6. Tome la raíz de la mano afortunada y únjala con el aceite de canela, diciendo: *«Al ungir esta raíz de la mano afortunada, invito a los espíritus de la buena suerte y la prosperidad a que me guíen».*
7. Tome la hierba de los cinco dedos y úntela con el aceite de pachulí, diciendo: *«Al ungir esta hierba de los cinco dedos, invito a los*

espíritus de la oportunidad y el éxito a que me guíen».

Posesión:

1. Coloque la raíz de la mano afortunada y la hierba de los cinco dedos en una bolsita o bolsa, y sienta su energía mientras sostiene la bolsa entre sus manos. Puede llevarla con usted para tener buena suerte.

Despedida:

1. Apague la vela y agradezca a Ezili Danto su presencia y bendiciones.
2. Cierre el ritual diciendo: *«Gracias, Ezili Danto, por tu presencia divina y tus bendiciones. Te pido que me sigas guiando y protegiendo. Honro a los espíritus de la buena suerte y la prosperidad y les doy las gracias por su ayuda. Mi ritual ha concluido».*

Éstos son sólo algunos de los hechizos que puede probar ahora mismo. ¿No tiene un determinado material? Siempre puede sustituirlo por otro que sirva para lo mismo. Con estos hechizos, debería tener una idea de cómo crear sus propios rituales para cualquier otro propósito que pueda tener y que no se mencione en este libro. También es útil investigar y aprender más acerca de los hechizos del vudú de Luisiana, para que su confianza pueda crecer a medida que practica, y pueda tener resultados fenomenales. Haga sus hechizos con gran respeto por los espíritus, y sea sincero con lo que necesite que le ayuden.

Conclusión

Finalmente hemos llegado al final de este libro. Ahora, sabe todo lo que necesita para comenzar su viaje como vuduista. Como ha llegado al final de este viaje explorando el mundo del vudú de Nueva Orleans en estas páginas (y al comienzo de uno nuevo explorándolo en su vida), puede que sienta un profundo asombro y reverencia por esta profunda práctica espiritual. A través de este libro, se ha adentrado en la historia, los rituales, los hechizos y los principios religiosos del vudú de Luisiana y se habrá quedado con una profunda comprensión de la belleza y el poder de esta práctica.

Uno de los aspectos más importantes de este libro es la importancia de la sinceridad en la práctica espiritual. El vudú de Nueva Orleans no es simplemente una colección de hechizos y rituales para realizar sin intención ni comprensión. Es una tradición espiritual viva, que respira y que requiere una profunda reverencia y respeto por los espíritus, los ancestros y las deidades que son fundamentales en su práctica.

Usted ha visto cómo el vudú de Nueva Orleans surgió del rico tapiz cultural de Luisiana, combinando elementos de la espiritualidad africana, el catolicismo y las tradiciones de los nativos americanos. El vudú de Nueva Orleans es una práctica moldeada por las luchas y triunfos de su pueblo y ha dado lugar a una tradición espiritual única y poderosa.

En el corazón del vudú de Nueva Orleans está la creencia en la interconexión de todas las cosas. Los espíritus, los antepasados y las deidades son considerados entidades vivas que pueden comunicarse y guiar a quienes buscan su ayuda. Mediante rituales, hechizos y ofrendas, los practicantes intentan forjar una profunda conexión espiritual con estos seres y aprovechar su sabiduría, guía y poder.

Este sentido de conexión y comunidad hace del vudú de Nueva Orleans una práctica profunda y transformadora. A través de su exploración de esta tradición, ha visto cómo ha dado consuelo, guía y curación a aquellos que buscan su ayuda. Es una práctica que honra la rica diversidad de nuestra experiencia humana y ofrece un camino hacia el crecimiento espiritual y la transformación.

Acérquese a la práctica del vudú de Nueva Orleans con sinceridad, reverencia y respeto. Confíe en el poder de los espíritus y déjese guiar por su sabiduría y guía. Recuerde que esta tradición espiritual requiere dedicación y compromiso, pero las recompensas son inconmensurables.

Que los espíritus le guíen y le protejan en su viaje, y que la práctica del vudú de Nueva Orleans le traiga la curación, la prosperidad, el amor y la buena suerte que busca. Camine con gracia, poder y amor, sabiendo que todo está conectado y que los espíritus siempre están con usted.

Vea más libros escritos por Mari Silva

Su regalo gratuito

¡Gracias por descargar este libro! Si desea aprender más acerca de varios temas de espiritualidad, entonces únase a la comunidad de Mari Silva y obtenga el MP3 de meditación guiada para despertar su tercer ojo. Este MP3 de meditación guiada está diseñado para abrir y fortalecer el tercer ojo para que pueda experimentar un estado superior de conciencia.

https://livetolearn.lpages.co/mari-silva-third-eye-meditation-mp3-spanish/

¡O escanee el código QR!

Referencias

Primera Parte

Desmangles, L. (1992). The Faces of the Gods: Vudú and Roman Catholicism in Haiti. University of North Carolina Press.

Fandrich, I. J. (2005). The Birth of New Orleans' Vudú Queen: A Long-Held Mystery Resolved. Louisiana History

Fandrich, I. J. (2007). Yorùbá influences Haitian Vudú and New Orleans Vudú. Journal of Black Studies.

Filan, K. (2010). The Haitian Vudú Handbook: Protocols for Riding with the Lwa. Destiny Books.

Guenin-Lelle, D. (2016). The Story of French New Orleans: History of a Creole City. Univ. Press of Mississippi.

Hazzard-Donald, K. (2012). Mojo workin': The old African American hoodoo system. University of Illinois Press.

Hebblethwaite, B. (2012). Vudú Songs in Haitian Creole and English. Temple University Press.

Hurston, Z. (1931). Hoodoo in America. The Journal of American Folklore.

McAlister, E. (2002). Rara! Vudú, Power, and Performance in Haiti and its Diaspora. University of California Press.

Murphy, J. (2011). Working the Spirit: Ceremonies of the African Diaspora. Beacon Press.

Packham, J. (2012). Vudú. The Encyclopedia of the Gothic.

Stewart, L. (2017). Work the Root: Black Feminism, Hoodoo Love Rituals, and Practices of Freedom. Hypatia.

Touchstone, B. (1972). Vudú in new Orleans. Louisiana History: The Journal of the Louisiana Historical Association

Segunda Parte

Brown, K. (2001). Mama Lola: Una sacerdotisa vudú en Brooklyn. University of California Press.

Desmangles, L. (1992). Los rostros de los dioses: vudú y catolicismo romano en Haití. University of North Carolina Press.

Fandrich, I. J. (2005). El nacimiento de la reina del vudú de Nueva Orleans: Un misterio resuelto. Historia de Luisiana

Fandrich, I. J. (2007). Influencias yoruba en el vudú haitiano y en el vudú de Nueva Orleans. Revista de Estudios Negros.

Filan, K. (2010). El Manual del Vudú Haitiano: Protocolos para cabalgar con los Lwa. Destiny Books.

Guenin-Lelle, D. (2016). La historia de la Nueva Orleans francesa: Historia de una ciudad criolla. Univ. Press of Mississippi.

Hebblethwaite, B. (2012). Canciones vudú en criollo haitiano e inglés (voodoo Songs in Haitian Creole and English). Temple University Press.

McAlister, E. (2002). ¡Rara! vudú, poder y actuación en Haití y su diáspora. University of California Press.

Murphy, J. (2011). Trabajar el espíritu: Ceremonias de la diáspora africana. Beacon Press.

Packham, J. (2012). Vudú. The Encyclopedia of the Gothic.

Touchstone, B. (1972). Vudú en Nueva Orleans. Historia de Luisiana: The Journal of the Luisiana Historical Association

Fuentes de imágenes

1 Greg Willis, CC BY-SA 2.0 <https://creativecommons.org/licenses/by-sa/2.0>, via Wikimedia Commons https://commons.wikimedia.org/wiki/File:Voodoo_Altar_New_Orleans.jpg
2 https://commons.wikimedia.org/wiki/File:The_Complexity_of_a_Nebula_-_NGC_5189_(27747553890).jpg
3 Jeremy Burgin, CC BY 2.0 <https://creativecommons.org/licenses/by/2.0>, via Wikimedia Commons https://upload.wikimedia.org/wikipedia/commons/7/79/Voodoo_altar_in_Tropenmuseum.jpg
4 Wayne S. Grazio, CC BY-NC-ND 2.0 DEED < https://creativecommons.org/licenses/by-nc-nd/2.0/> https://www.flickr.com/photos/fotograzio/17993185248
5 fenixcs, CC BY-NC-ND 2.0 DEED < https://creativecommons.org/licenses/by-nc-nd/2.0/ > https://www.flickr.com/photos/fenixcsmar/30208171733
6 Jeremy Burgin, CC BY-SA 2.0 <https://creativecommons.org/licenses/by-sa/2.0>, vía Wikimedia Commons https://commons.wikimedia.org/wiki/File:Statue-of-Legba-by-Jeremy-Burgin.jpg
7 Sam Fentress, CC BY-SA 2.0 <https://creativecommons.org/licenses/by-sa/2.0>, via Wikimedia Commons https://commons.wikimedia.org/wiki/File:VoodooValris.jpg
8 https://commons.wikimedia.org/wiki/File:Damballah_La_Flambeau.jpg
9 https://commons.wikimedia.org/wiki/File:VeveAyizan.svg
10 Nicolas Munoz, CC BY-NC-SA 2.0 DEED < https://creativecommons.org/licenses/by-nc-sa/2.0/ > https://www.flickr.com/photos/nicolasmunoz/5817315380
11 Calvin Hennick, for WBUR Boston, CC BY 3.0 <https://creativecommons.org/licenses/by/3.0>, via Wikimedia Commons

https://commons.wikimedia.org/wiki/File:Haitian_vodou_altar_to_Petwo,_Rada,_and_Gede_spirits;_November_5,_2010..jpg

12 Teogomez, CC BY-SA 3.0 <http://creativecommons.org/licenses/by-sa/3.0/>, vía Wikimedia Commons https://commons.wikimedia.org/wiki/File:Grisgristuareg.JPG

13 Hidrash, CC BY-SA 4.0 <https://creativecommons.org/licenses/by-sa/4.0>, vía Wikimedia Commons https://commons.wikimedia.org/wiki/File:A_man_dancing_the_Jars_dance_in_Tamale,_Ghana.jpg

14 https://unsplash.com/photos/ZlIIA-4sGXU

15 edk, 7Attribution-ShareAlike 2.0 Generic CC BY-SA 2.0 DEED <https://creativecommons.org/licenses/by-sa/2.0/>https://www.flickr.com/photos/edk7/51102873969

16 Bill Couch, Attribution-NonCommercial-NoDerivs 2.0 Generic CC BY-NC-ND 2.0 DEED <https://creativecommons.org/licenses/by-nc-nd/2.0/>https://www.flickr.com/photos/wcouch/3464210637

17 https://unsplash.com/photos/iSGbjKZ9erg

18 https://unsplash.com/photos/iSyyY1GfYSw

19 https://pixabay.com/es/illustrations/meditaci%C3%B3n-reflexi%C3%B3n-universo-5286678/

20 https://www.pexels.com/photo/black-gold-14704594/

21 https://www.wallpaperflare.com/woman-female-girl-white-dress-wood-forest-sleep-walking-wallpaper-aotmf

22 https://www.pxfuel.com/en/free-photo-oesnm

23 https://pixabay.com/illustrations/fantasy-goddess-mystic-serpent-2069301/

24 https://unsplash.com/photos/hMYAVaOWSHc

25 Mark Gunn, Attribution 2.0 Generic, CC BY 2.0 DEED <https://creativecommons.org/licenses/by/2.0/>https://www.flickr.com/photos/mark-gunn/39651373500

26 africarising, Attribution-NonCommercial-ShareAlike 2.0 Generic, CC BY-NC-SA 2.0 DEED <https://creativecommons.org/licenses/by-nc-sa/2.0/> https://www.flickr.com/photos/africa-rising/26226168738

27 Siaron James, Attribution 2.0 Generic, CC BY 2.0 DEED <https://creativecommons.org/licenses/by/2.0/> https://www.flickr.com/photos/59489479@N08/17940796562

www.ingramcontent.com/pod-product-compliance
Lightning Source LLC
Chambersburg PA
CBHW070752220426
43209CB00084B/1277